早稲田教育ブックレット No. 17

英語で教科内容や専門を学ぶ

―内容重視指導（CBI），内容言語統合学習（CLIL）と英語による専門科目の指導（EMI）の視点から―

はじめに―古くて新しい内容と言語の統合―

実生活での言語使用では、言語の形態よりも内容の理解や伝達が重要であることは明白ですが、日本の学校英語教育では、教科書で扱う内容を深く理解し、思考し、その内容を使って言語活動を行うことはまだまだ一般的ではないようです。むしろ、中学から大学の英語教育では、英語について学ぶことが主体で、英語は教科として学ぶものだという神話が学習者に疑いもなく受け入れられていると言っても過言ではありません。しかし、多くの研究や実践から、（他教科の）内容を外国語で学ぶと、外国語も内容も同時に会得でき、一石二鳥であると言われています。

日本の英語教育において文法訳読式、その後のＬＬ（language laboratories）導入の引き金にもなったオーディオ・リンガル・メソッドが流行っていた今から五〇年以上も前に、カナダのモントリオールでは英語母語話者の小学生が算数や理科などの教科をフランス語で学ぶ、いわゆるフランス語イマージョン教育が、保護者の強い要望で始まりました。これは、まさにフランス語教育と教科教育の統合で、今日の Content-Based Instruction（CBI）、Content and Language Integrated Learning（CLIL）の先駆けだと言えます。その後、イマージョン教育は、アメリカでは小学校のスペイン語イマージョン教育として発達し、高等教育では外国語教育でさまざまな形態のCBIが実践されてきました。また、九〇年代のアメリカではアジア言語のイマージョン教育も始まり、西海岸を中心に日本語イマージョン教育も導入されています。日本での英語イマージョン教育の開始は約二五年前で、最近は私立の小中高一貫校（一条校）が増え、英語イマージョン教育と国際バカロレア教育を結びつけた国際理解教育を実践しています。このように、カナダで始まったCBIは歴史も長く、さまざまな実践や研究が報告されており、外国語教育の手法としては決して新しくありません。

一方、ヨーロッパでは一九九四年にCLILという用語が誕生し、内容と外国語学習が体系的に統合されるに至りました（例：4Cs: content, communication, cognition, culture）。CBIとCLILが異なるとする研究者や教育者もいますが、根本的な原則は全く同じで、実践上は区別がつきません。たとえば、アメリカではほぼ同時期に外国語学習スタンダーズで5Cs（communication, cultures, connections, comparisons, communities）という形でCBIが具現化しています。ただ、CLILは第二言語教育より外国語教育を強く意識しているので、日本の状況により合うという利点はあるかもしれません。この波に乗り、限られてはいますが日本ではCLILが小学校から高校までで導入されるに至り、最近日本の英語教育で改革的な役割を果たしているという意味では、内容と言語の統合はとても新しいとも言えます。さらに、高等教育では、専門科目の教育を英語で行うEnglish Medium Instruction（EMI）が日本国内でも多くなっています。英語習得を副産物と考えるならば、これもまさに言語と内容の統合の例です。

内容と言語の統合はアジアも含めた各国のさまざまな教育機関で、独自の形態で導入されているため、「内容と言語の統合」とは何かという理念の問題から、学習者や教員によるこの統合の捉え方、学習者の動機づけへの影響、実際の教室での言語活動の進め方、評価の仕方など、課題は山積です。このような問題点を整理し、参加者一人ひとりに、それぞれの立場や観点から「内容と言語の統合」を考えていただける機会になればと思い、今回のシンポジウムを企画しました。これがこのテーマに関する議論を深めるきっかけになれば幸いです。

二〇一七年三月一日

早稲田大学教育・総合科学学術院教授　原田　哲男
早稲田大学教育・総合科学学術院教授　澤木　泰代

言語能力から汎用能力へ
―CLILによるコンピテンシーの育成―

上智大学文学部英文学科教授　池田　真

講演の概要

きょうは教育最前線というタイトルの講演会ですので、一番新しいことにフォーカスして私の知る限りのこと、あるいは関わっていることをお話しできればと思います。主に最近出した二冊の本に書いたことなのですが、それに加えてもう少しプラクティカルなこととか、データもお見せしながらやれればと思います。

話しの内容は三つあります。最初の理論と教育技法についてはご存じの方も多いと思うので、時間の関係で割と飛ばしていきます。次の汎用能力、つまりコンピテンシーの育成が、きょうのメインフォーカスになります。その具体的な実践とエビデンスのようなものを、三つめとして最後にお示しできればと考えています。

CLILとは？

CLILを英語教育法に位置づけると**図1**のようになります。見方としては、一番左が伝統的

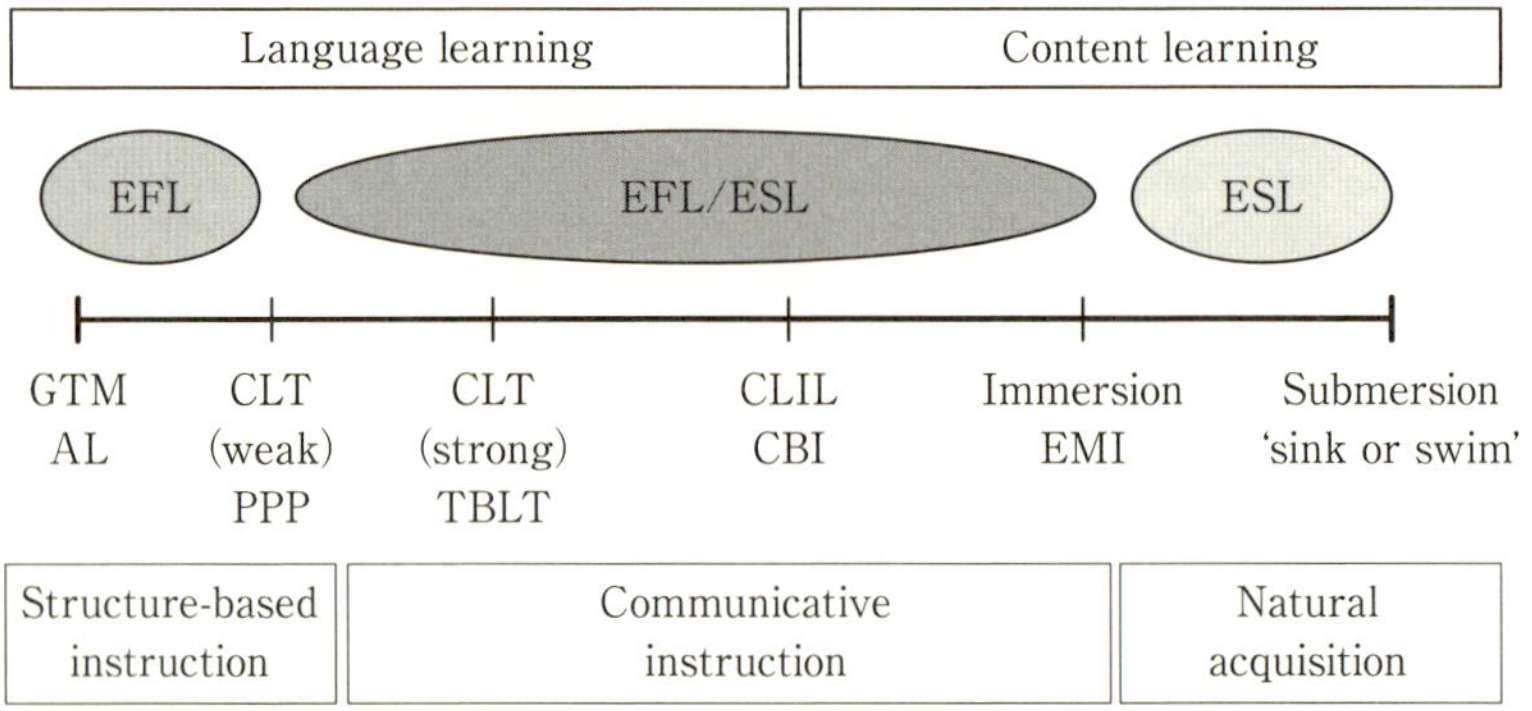

AL = Audio-lingualism
CBI = Content-based instruction
CLT = Communicative Language Teaching
EFL = English as a foreign language
EMI = English medium instruction
ESL = English as a second language
GTM = Grammar translation method
PPP = Presentation-Practice-Production
TBLT = Task-based Language Teaching

図１　理論上の位置づけ

な文法訳読法とか、パターン・プラクティス的な構造を学んでいくものです。一番右側が、たとえば帰国子女などが英語圏で英語を学ぶというようなコンテクスト、学習環境と考えてください。その真ん中は、言語構造的なものから内容的なものというように、連続体になっています。私は比喩が好きなのですが、日本列島にたとえると、左側のＥＦＬ（English as a Foreign Language）のかたまりは、九州だと思ってください。この真ん中のところが長く、いわゆるコミュニカティブなアプローチといわれるものが、本州です。そして、ＥＳＬ（English as a Second Language）の部分を北海道としていただくと、今申し上げたいのはここです。ＣＬＩＬ（Content and Language Integrated Learning）とかＣＢＩ（Content-based Instruction）とかＥＭＩ（English medium Instruction）とかイマージョンとかは、内容をメインにして言語も学んでいくというこ

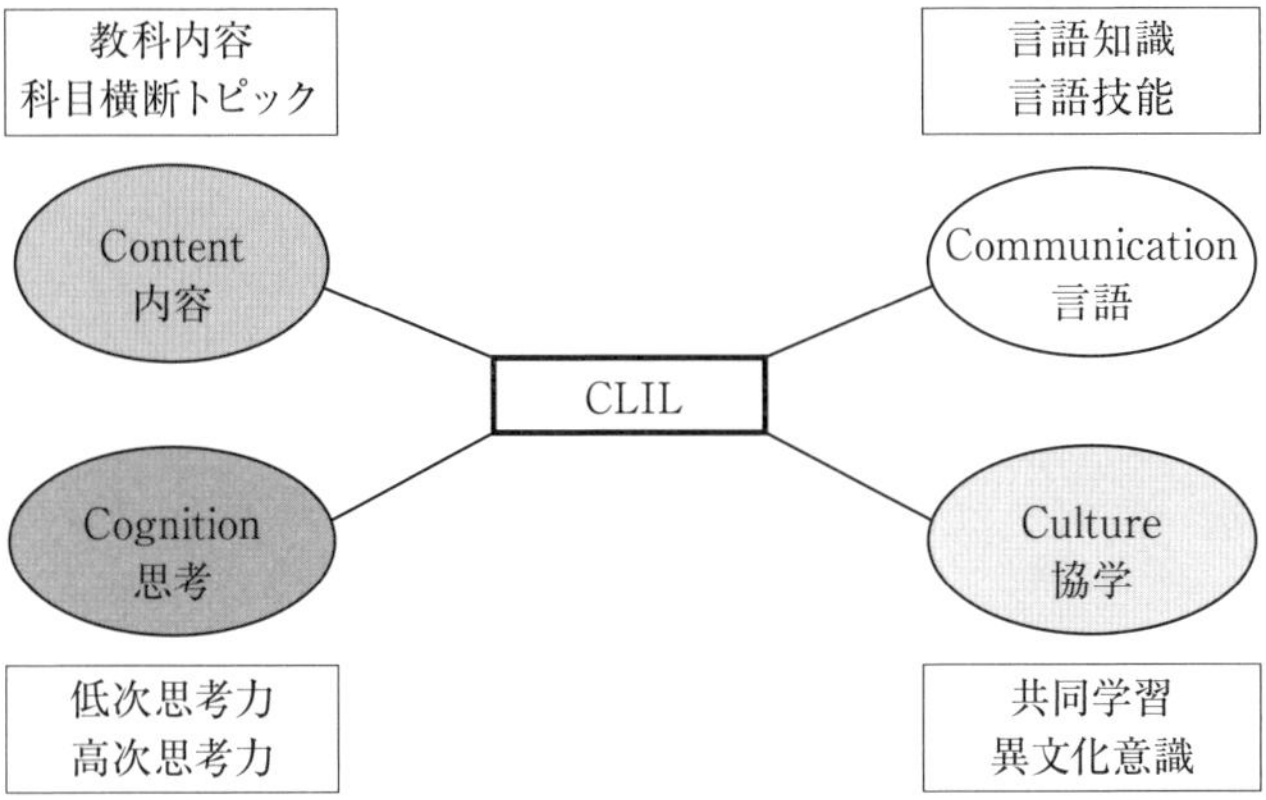

図2　CLIL の4C

とですが、このアナロジーで言うと、東北地方に当たるかと思います。そうすると、この四つの教え方には、東北地方に共通の特徴があるように、多くの類似点があります。もう一つの側面として言えるのは、インサイダーというか、それを専門にやっている方は、違いを強調するということです。それに対して、外部から見ると同じように見えるのかなと思います。つまり、青森、岩手、山形は、申し訳ないですけれども、私にとっては地理的な位置とか食べ物とかはわかるのですが、県民性や方言の違いはよくわかりません。でも東北の方にとっては違いますよね。そのようなものかなと思うのです。細かい違いについては、後の発表で厳格な definition（定義）が与えられると思いますが、今は共通点の方がはるかに多いということを指摘したいと思います。

　では、何をもってＣＬＩＬというかというと、ＣＬＩＬを行っている人は基本的に**図2**の4Ｃのフレームワークで授業を組み立てているはずです。コンテンツ（Content）は、教科内容とか、科目横断型トピックです。

コミュニケーション（Communication）は、基本的には英語の技能や知識です。それからコグニション（Cognition）は思考力で、最後のCは、少し前はコミュニティー（Community）と言っていましたが、今はあまり使わなくなってしまったのでそれに統一してカルチャー（Culture）とさせていただきますが、共同学習や異文化意識、国際理解です。そのようなものを含めて「四つのC」といって、これを授業設計や教材作成の段階から入れて統合していく、それがCLILの一番いい理解かと思います。

CLILの4C

この4Cには、ここ数年でいろいろな新しい概念が付け加わっているので、そのことをお話しします。まず、Contentについては、単に歴史とか地理とか、あるいは地球温暖化といったことをテーマにするのではなく、宣言的知識と手続き的知識という二種類の知識を考えましょうと最近出ている本では言われています。英語教育に関わっている方が、この二つを聞いて思い浮かべるのが、文法に関するdeclarative knowledgeとprocedural knowledgeでしょう。たとえば、関係代名詞の作り方を知っている、whichとかwhomとかwhoとかの使い方を説明できる、これがいわゆるdeclarative knowledgeです。でも実際に四技能の中で使えるのがprocedural knowledgeで、この両方を育てるのが大事だということが英語教育でよくいわれることですが、ここで言いたいのは内容についての二つの知識です。つまり、一つは教科書に書いてあるような知識ですが、それともう一つ、生徒たちの実際の生活あるいは将来と結び付けて使える知識を身に付けさせるということです。普通の英語教育でも何らかの内容を使うわけですけれども、その時に本気で内容を学ばせようとはあまり思っていません。英語を教えるための、悪い言い方をすると、ダシのような形でContentを使うことが多いのではないかと思います。ましてや、その知識を生徒の生活に結び付けさせて、活用できる知識にしようとまでは、英語の先生は考えません。でも、今のＣＬＩＬでいわれていることは、これをしっかりやらなければいけないということです。

それからCommunicationについては、先ほどはざっくりと言語知識、言語技能と言いましたが、どう統合するかが重要です。きょうは、これがフォーカスではないので紹介だけですけれども、まず何といってもその内容を学ぶ上で必須の語彙を特定して、概念とともにしっかり教えなければなりません。それから、ＣＬＩＬというのはどうしてもアカデミックな英語の使い方になるわけですけれども、わざと、あえて日常的なもの、インフォーマルな英語も入れていくという、それが統合の二つ目の意味です。それと、やはり文法形式、フォーカス・オン・フォーム（Focus on Form）も大事ですし、ダイアロジック（dialogic）に対話をしながら進めていくことも大切です。さらに、ここ数年で出てきたのは、英語とわれわれにとっては母語である日本語をうまく有機的に、機能的に扱っていくトランスラングエッジング（translanguaging）という考えです。

ＣＬＩＬで一番大事なことは、やはりCogitation、考えさせるということです。よく知られているブルームの思考分類を使うと、一つのグループは、暗記する、理解する、それを別の状況で使うという意味での応用、つまりは正解がある思考の仕方です。日本の教育は英語教育だけでは

Content 内容	Communication 言語	Cognition 思考	Culture 協学
Declarative knowledge 教科知識	Language knowledge 言語知識	LOTS 低次思考力	Cooperative learning 共同学習
Procedural knowledge 活用知識	Language skills 言語技能	HOTS 高次思考力	Global awareness 国際意識

図3　CLIL授業設計シート

なくすべての教育で、だいたいがこのＬＯＴＳ（Lower-Order Thinking Skills）にフォーカスしています。でも今いわれているのは、ＨＯＴＳ（Higher-Order Thinking Skills）が大切だということです。分析する、評価する、創造するという、もっと思考力を駆使するもので、必ずしも正解がないものです。どの教科でもこれからはそのような力を育てていくことが一つの教育改革の方向かと思いますが、ＣＬＩＬでもやはりこれが一番重要視されています。

あとは共同学習や異文化理解で、ＣＬＩＬではペアワークやグループワークがものすごく大事です。その背景にあるのは、一番小さいコミュニティーの単位というのは隣に座っている人や周りに座っている人とのやり取りです。ここで何かを一緒にできない人が、将来海外に出て、英語でいろいろな文化的背景や言語的背景を持った人とやっていけるかというと、それは難しいでしょう。

1	内容学習と語学学習の比重を近づける。
2	オーセンティック素材（新聞，雑誌，ウエブサイトなど）の使用を奨励する。
3	文字だけでなく，音声，数字，視覚（図版や映像）による情報を与える。
4	さまざまなレベルの思考力（暗記，理解，応用，分析，評価，創造）を活用する。
5	タスク（特に生活に関連するもの）を多く与える。
6	協同学習（ペアワークやグループ活動）を重視する。
7	異文化理解や国際問題の要素を入れる。
8	内容と言語の両面での足場（学習の手助け）を用意する。
9	4技能をバランスよく統合して使う。
10	学習スキルの指導を行う。

図4　CLIL の10大指導法

ヨーロッパの場合は、一つの教室が多民族・多文化になっていますから、ペアワークやグループワークをやると、自然にいろいろな異文化に触れることになります。日本では必ずしもそうではないかもしれませんが、それにしても、やはり他人と一緒にやっていくということはとても大事です。このような考えでＣＬＩＬでは、Culture や Community を捉えています。

もしＣＬＩＬをされている方がいらしたら、非常に手前みそですけれども、**図3**はとても役に立つと思います。この八つのスロットを全部入れられたら、それはＣＬＩＬといっていいと思います。ざっと見ると、内容は教科書的知識と活用知識、言語は知識と技能、思考は低次思考力と高次思考力、そして共同学習と国際意識・異文化理解です。これは授業設計の段階でも使えますし、授業の分析をする時にも使えます。

ＣＬＩＬの授業法については、文献、あるいは実際にいろいろなヨーロッパの国で授業観察をすると、だいたい**図4**の一〇個ぐらいになるのではと思います。今はやりの言葉でいえば、アクティブ・ラーニング系の教え方です。あるいはも

非 CLIL 的指導	CLIL 的指導
教え込み（Instruction）	やり取り（Interaction）
独白的（Monologic）	対話的（Dialogic）
練習問題（Exercise）	解決課題（Task）
言語練習（language practice）	言語使用（language use）
技能分離（Skills segregation）	技能統合（Skills Integration）
人工的（Artificial）	真正的（Authentic）
文脈なし（Out of context）	文脈あり（In context）
甘やかし（Spoon-feeding）	足場組み（Scaffolding）
反復（Repetition）	思考（Cognition）
低次思考力（Lower-Order Thinking Skills）	高次思考力（Higher-Order Thinking Skills）
言語習得（language acquisition）	言語活用（Language activation）

図 5　非 CLIL と CLIL の指導法の違い

う少し対照させると、日本の伝統的な教育はやはり**図5**の左側のものですよね。ＣＬＩＬは完全に右側のものを重視します。これが、いわゆるアクティブ・ラーニングとまったく同じであるわけです。アクティブ・ラーニングはご存じのように、日本ではバズワードとしてどんどん使われていますが、ヨーロッパやアメリカでは、もともとアクティブ・ラーニングなので、「アクティブ・ラーニング」という用語を持ち出すと、「何？　それ」という感じでいわれるかと思います。

いずれにしても、日本の教育はこの右側のほうにシフトしていこうという流れだと思います。比喩が好きだと言いながら、いつもこれしか使わないのですが、ＣＬＩＬはスマホのようなものだと思います。**図4**と**図5**のＣＬＩＬの教育法で、新しいものは何一つありません。では、ＣＬＩＬとはいったい何なのかというと、私の感覚では、本当にスマホのようなものかなと思います。それぞれ別々のものだったテクノロジーを一つのパッケージにしているということでいうと、多分いいアナロジーかと思います。それと、スマホはソフトを入れて新しい機能を付け加えることもできますよね。CLILもそのようなもので、ある意味いいとこ取りのようなところがありますから、新しい概念とか何かが出てくると、先ほど紹介した4Cを基にどんどん組み入れていきます。

CLILと汎用能力

もう一つ、CLILとスマホの共通点をいうと、これから話していく「汎用性がある」ということです。きょうの一番メインの話は、ここです。CLILというのは、英語の力をつけるという、そのような狭いものだとは私は捉えていません。むしろ、うんと広く、たとえばジェネリック・スキルズという言い方をすることもありますし、ビジネスではソフト・スキルズという言い方をすることもあるかもしれません。あるいは、もう少し教育的な用語を使うと、たとえばアメリカの「二一世紀型スキル」とか、ヨーロッパの「キー・コンピテンシー」とか、日本でも国立教育政策研究所の「二一世紀型能力」など、いろいろな呼び方がありますが、そのようなものをいろいろ見て私なりに整理してみました。すると、**図6**のような形になるのかなと思います。認知的、社会的、倫理的と分けましたが、知識活用力とか、批判思考力とか、問題を設定してそれを解決する力とか、そのようなものをここではコンピテンシーと捉えています。

この力の育成を英語教育の中でできるのは、正直言ってCLILしかないと思っています。なぜかというと、通常の英語の授業で何をやるかというと、言語知識と言語技能の習得です。一方、CLILではその結果何を身に付けさせようとしているかというと、学習指導要領の中でいえば、

認知的能力		
①	知識活用力	教科知識を実生活や実社会で活用する力
②	批判思考力	論理的，多角的，分析的に考える力
③	課題設定力	本質を洞察し，課題を設定する力
④	問題解決力	最適な方法を考え，問題を解決する力
⑤	革新創造力	斬新な物，価値，方法を産出する力
⑥	意思行動力	適切な決断を下し，挑戦し行動する力
⑦	メタ学習力	効果的方法で自律的，省察的に学習する力
社会的能力		
⑧	意思疎通力	共通言語を用いて円滑に意思疎通する力
⑨	協調協働力	他者と協力してチームで効率的に働く力
⑩	地球市民力	異文化を尊重し国際意識を持ち生きる力
倫理的能力		
⑪	個人責任力	道徳観や同情心を持ち自己に責任を持つ力
⑫	社会責任力	職業領域や地域社会に積極的に貢献する力
⑬	国際責任力	国際社会に関わり，奉仕し寄与する力

図 6　汎用能力（コンピテンシー）とは？

英語の運用能力とか、意思疎通の意欲とか、あるいは言語と文化に対する知識です。

もう少し広くとると、たとえばその副産物として、もしかしたら日本語を使うこともうまくなるかもしれません。たとえば、エッセイ・ライティングの“Introduction”“Body”“Conclusion”という区分は、そのまま日本語の小論文に当てはめていけます。あるいは、英語では同意語でどんどん言い換えますけれども、日本語の文章を書くときにも、それが転移して語彙を豊かに使うということになるかもしれません。また、ロジックの訓練にも役立つかも知れません。英文法一つを取っても、たとえば関係代名詞の使い方を理解する際に、かなりの論理力が必要です。私はもともと英文法史を研究していましたけれども、一八世紀や一九世紀のイギリスやアメリカで英文法を教える一つの理由に、論理力をつける、思考力を鍛えるということもあったわけです。あと、英語でいろいろな文章を読むことによって、いろいろな歴史や地理や文化その他の知識が入ってきます。ですから、学習指導要領で目標にはしていませんけれども、実際にはこのような力も育っていくわけです。

ただ、伝統的な教え方である文法訳読法、パターン・プラクティスに代表されるオーディオ・リンガリズム、それからグループワークやペアワークで実際にコミュニケーションをするＣＬＴ(Communicative Language Teaching）には一長一短があり、一つでこれを全部カバーするものはありません。しかし、基本的に言えることは、いずれにしてもどうやってもここまでだと思うのです。つまり汎用力まではいかないのです。もともとそのようなことを想定していないから当たり前です。良い悪いの問題ではなく、そもそもコンピテンシーを身に付けさせるということを目標にはしていないわけですから、当然のことながら、ここで止まってしまいます。しかし、ＣＬＩＬはヨーロッパで始まり、ヨーロッパ式の言い方をすれば「キー・コンピテンシー」を育てるということが一つの目標になっているので、当然そのようなものを要素として取り込んでいるということです。

ＣＬＩＬと英語教育の「第三革命」

歴史的に見ると、私はＣＬＩＬを革命的だと思っているので、ガイ・クックの説明を借ります。

最初の語学教育法は文法訳読で、目標言語を母語に訳して学ぶというおなじみのものです。そして第一の革命が起きました。どのような革命かというと、英語であれば英語だけで教えるという考え方で、それが出てきたのが、一九世紀の後半です。もともと最初はダイレクトメソッドから始まり、そのうち、いわゆるオーディオ・リンガリズムというものが、その派生として出てきます。基本的には、英語だけで全部授業をやっていくということで、今、中学校や高校でやろうとしているのは、ある意味このようなことです。

二つ目の革命が起きたのは一九七〇年代で、パターン・プラクティスのような、行動主義に基づくオウム返しでは限界があるということで、やはり意味のやりとり、他者とのコミュニケーションに重点を移す、必ずしも正確ではなくても、それよりもフルーエンシー（fluency）を大事にするという考え方が生まれてきます。それが、ガイ・クックのいう第二革命です。

私はもう一つ、CLILは第三革命ではないかと思っています。何がどう違うかというと、CLTは先ほど申し上げたとおり、とにかく言語能力を伸ばすということにフォーカスしています。しかしCLILは広い意味でのコンピテンシーを育てるということで、ここでは仮にglobal competenciesとしておきますが、もしこれがどんどん広まっていけば、第三革命と言ってもいいのではないかと考えています。

たとえば、コンテンツ（学習内容）、コンテクスト（学習活動）、コンピテンシー（学習成果）というキーワードを使って、CLTとCLILを比べてみましょう。検定教科書でやっているCLTというものは、コンテンツとしては言語知識と言語技能で、必ずそこにコンテクスト、つまり使用場面というものを設定して、アクティビティやタスクを作ります。最終的に育てようとしているものは、いわゆるcommunicative competenceという、英語教育の方にはよく知られている、言語的能力、語用的能力、談話的能力、方略的能力の四つの項目から成るものです。

ＣＬＩＬは少し違います。まずもって言うと、コンテンツのところが、もちろん言語知識と言語技能を使いますが、教科横断型の内容であり、さらにコンテクスト、ＣＬＩＬの学習場面では、とにかく考えさせるのです。残念ながら既存の英語教育というのはあまり考えさせません。ですから、そこのところが多分一番大事なのではないかと思います。その結果、いわゆる汎用的コンピテンシーを育てていこうという、これが大きな違いで、第三革命とはこのようなことです。

教科書で見るＣＬＴとＣＬＩＬ

これから検定教科書を例に取って具体的に見ていきますが――関係者の方がいたら、あらかじめお詫びしておきますが――批判でも非難でもありません。検定教科書は、もともとＣＬＴ用に作られているので、それでいいのです。もともと目標も手段も違いますから、良い悪いの問題ではないということです。

中学校三年生の『ニューホライズン』（*New Horizon*）に、フェルメールの絵やひまわりなどの名画を使った学習活動があります。この単元では、受け身形と第五文型、それから新しい語彙が出てきて、話す、書くという、プロダクティブなスキルを学習します。そして学校の図書館で美術書の絵について話すとか、あるいは実際の美術館に行ってその絵画を説明するというコンテクストが設定されています。教科書そのものや教師用指導書に書いてある目標は、「ある作品を適切な視点から紹介することができる」というものです。

以下が実際の活動です。教科書に例が出ています。"My favorite is number 4. It's called the *Great Family*. It was painted in 1963." そこまではいいです。そして自分の視点で語ります。"I like it. Because it's mysterious." 説明しているのか、していないのか、あまりよくわかりません。漠然としています。それと、ここにTool Boxといって "composed well"（構図が良い）とか、"dramatic"（劇的な）とか、英語で理由が書いてあるのです。これをすると実際の授業ではどうなるかというと、生徒はBecause の後に選んだ表現を入れるだけになってしまいます。これで、先ほどの「ある作品を適切な視点から紹介することができる」ことが可能になるかというと、なりません。なぜなら、視点を与えてしまって、表現も全部与えて、ただの入れ替え練習になっているからです。

検定教科書は全国津々浦々で使われるので、それはそれで仕方がないとは思います。義務教育でそこまでできれば良しかも知れません。ですから、私は本当に、これはとてもいいページだと思っています。すごく良いアクティビティだと思いますけれども、仕方がありません。日本の中学校のＣＬＴの限界だと思います。でも、もし先生がやる気があって、もう少しやってみようと考えたときには、ＣＬＩＬを使えばいろいろなやり方ができます。教科書にＣＬＩＬ的な視点を入れるだけで、独自のタスクや活動ができます。たとえば私だったら、このようにするかと思います。

まず、コンテンツとして、絵画鑑賞の視点を生徒に学ばせます。インターネットで探すと、ネイティブの子ども用の、絵画鑑賞のポイントを書いた文章がたくさん出てきます。少し単語を変えたり短くしたりすると、日本の中学校三年生で十分に読めます。そこには、「客観的事実を分析してから、主観的意見に移りましょう」ということが書いてあります。客観的事実というのは、画家の情報であったり、絵画の特徴であったり、作品の主題であったりします。その後に、「主観的意見には必ず理由を入れましょう」とあり、その理由として「何に引きつけられるか、どのような気持ちになるか、何を考えさせられるか」があげられています。この時点で、すでに既存の英語教育とは違っていて、生徒自身に絵を見る視点を学ばせるわけです。その次に、学んだ視点を基にグループで話し合って、「この絵がいい。なぜならば、こうだからだ」ということをディスカッションします。それは英語ではできないかもしれませんので、日本語でもいいと思います。そして最後に紹介文を書いて、独自の視点を発表します。たとえば、『真珠の耳飾りの少女』では、"My favorite work is *Girl with a Pearl Earring*. It was painted by Vermeer in 1665. In the painting, a beautiful young girl is looking at you. The background is black and the girl is lit up. It is like a real photograph. I can't forget her eyes. What is she thinking?" となります。これは私の書いたもので、本当の中学生はこのようなことはできません。過去分詞に lit を使うことなどあり得ませんが、ここまでいかなくても、これに近いものはできるのではないかと思います。

この授業を、先ほどお見せしたＣＬＩＬ授業のフレームワークで分析すると、**図7**のようにな

Content 内容	Communication 言語	Cognition 思考	Culture 協学
Declarative knowledge 教科知識 絵画の鑑賞	Language knowledge 言語知識 受動態 絵画関連語彙	LOTS 低次思考力 理解	Cooperative learning 共同学習 グループ クラス
Procedural knowledge 活用知識 絵画を見る視点	Language skills 言語技能 読む 書く 話す	HOTS 高次思考力 分析 評価	Global awareness 国際意識 世界の名画

図7　CLIL 絵画授業の分析

ります。まず、内容については、教科的な宣言知識として絵画の鑑賞ポイントを生徒に学ばせ、手続的知識にするために作品の分析や評価を行います。これにより、生徒たちが日本やヨーロッパの美術館に行った時に、CLILの授業で学んだ視点がいくつか生きていて、絵を見られるようになるわけです。言語については絵画関係の語彙と受動態という言語知識を四技能で用い、思考としては分析とか評価という、非常に高度な力を使っています。また、グループで世界の名画を学ぶという共同学習や国際意識も入っています。このように全部満たせるので、私の定義では、これは普通の英語授業におけるCLIL的学習になるかと思います。

CLILにおける汎用能力の育成

それでは、汎用能力はどうかというと、普通の授業ではそのようなことはあまり考えないと思います。目の前に生徒がいて、とりあえず教科書の内容をカバーするということはやりますが、その先はあまり考えないかもしれません。でもＣＬＩＬでは、「四つのＣ」でまとめられる力がついて、最終的にはそのような授業をやり続けることによって、汎用力が育っていくのではないかと思います。今の絵画の授業でいうと、実際に生徒と教室でやっているのは、「英語で絵画鑑賞法を学び、グループで分析・評価を行って、発表する」ということです。これによってどのようなＣＬＩＬの力がつくかというと、「英語で新しい知識を獲得し、その知識を活用して他の人と考え、表現する」ということです。これは一回だけの授業で育つわけではなく、このような授業をずっと続けていくと、知識を活用する力や、批判的な多角的な思考力といった汎用力がついてくるということです。

これを説明する理論に、有名な「転移適切処理」（transfer-appropriate processing）というものがあります。要するに、どのようなときに学習の転移が一番起こるかというと、それを学んだときの状況と、その際の思考、どのように考えているかというものですが、それが同じときに一番転移しやすいという考え方です。何の説明に使われるかというと、いわゆる受験英語です。単語や文法の問題を解いて受験勉強をするときの状況や頭の使い方と、入試その他の試験を受けているときの状況や思考力はほぼ同じです。そうすると、きちんと学んでいる人はそれで点数が取れます。しかし、きちんと学んで試験で点数を取れる人が、実際に、たとえば、留学して文献を読んで知識を入れて、クラスメイトとディスカッションをして、それでプレゼンテーションをしなければならないときにできるかというと、なかなかできません。これは経験的にわかっていることです。一つには学ぶ内容や方法が違うということもありますが、それ以上に、頭の使い方が違うということだと思います。

それに対して、ＣＬＩＬではどうでしょうか。教室で新しいものを学び、みんなで考えて表現します。その子が将来的に英語を使って海外で何か仕事をするとします。すると仕事関連の情報をインターネットから英語で取ってきます。それを基に考えて、同僚と英語でディスカッションをします。それを基に、ビジネスの場で、英語でプレゼンテーションをします。頭の使い方が同じなのです。それで転移が非常に起きやすいということです。

より身近な例で言えば、このようなことだと思います。普通の英語学習者というのは、何かを表現しなければならないときに、発音はどうしよう、語彙はどうしよう、間違っていないかと、言語的なものでもうアップアップになってしまいます。何か英語で聞かれると、脳の資源がほとんどそちらに割かれています。自分の趣味とかのごく簡単なことを聞かれているのに、なかなか答えられないという子がたくさんいます。でもＣＬＩＬでは、日常的に知識を使ったり思考したりしているので、あまりそのようなことにはなりにくいのです。

小学校のＣＬＩＬ実践例

以上がＣＬＩＬにおけるコンピテンシー育成ということの意味ですが、今度は小学校における事例を紹介したいと思います。これは仙台白百合学園小学校という素晴らしい学校での実践です。小学校一年生の算数で、英語を学ぶための弱形ＣＬＩＬではなく、本当の教科としてのＣＬＩＬ

です。言っておきますと、イマージョンの学校でも、国際バカロレアでもなく、私立ですが普通の小学校です。きょうは先生方に来ていただいていますので、授業を担当しているフェイガン先生に英語で簡単に内容を説明していただければと思います。

フェイガン先生：Okay, so talking about our program, I would like to talk about the goals we have in the program, the program itself, some concerns that different teachers had, and a few things that we noticed. First, the goal for our program is : learn math. That is easy, we are just focusing on math, but it gets a little bit trickier, learn math using English. We have to think about what we need to do to make that work. So adding on to that goal, we need to grow English ability, and we need to grow English math-related language. While we were teaching during the first semester, we also realized there's another goal we had to put in. It is a little bit interesting since this is an English-focused program, obviously math but with English, but we also needed to focus on Japanese math-related language, we also had to grow Japanese language. We had some students who were doing very, very well only in English. When it came to the Japanese portion and the Japanese tests, they were failing. So we also had to make time in the class to make sure they learned how to do the problems in Japanese as well.

Moving on to the program, this is the easy explanation. For math we have four classes a week in English, plus one more class focusing on math in Japanese. In addition to that we have two more English classes. The reason that I don't mix those with the math class, they are separate. The English classes focus only on English growth; they don't focus on math. That is really important to our program.

Moving into concerns, talking about this program we had many concerns. I will split it into concerns from the Japanese teachers and concerns from the English department. The Japanese teachers were very concerned about this. Math for them is used to practice and grow the Japanese language. Math class is an opportunity for them to have the students think and create their own problems in their native language. So observing the Japanese math classes, lots of reading practice, lots of talking about what they want to do, not many pictures, so a little bit different than in English class.

Moving on to the English side, the English department had two big concerns: one, we are moving from a class that focuses on one skill set, just English, to a class that has to have two skill sets. We need to focus on their English ability, but we also need to focus on their math ability. Just because they can understand and answer a math problem, doesn't mean that they understand the English. Also, just because they can respond in class, doesn't mean that they understand how to use the math, so we had a few problems looking at pacing and time spent in the classroom, because one other important part of our program, our class is linked with the native math classes. We teach around the same thing at the same time—that was one very interesting thing to try to work with.

The second worry, this ended up not being such a big worry. We were worried that math in and of itself wasn't a very language rich environment for English. Looking at the European CLIL classrooms and looking at different examples, they chose language rich topics: social studies, history, et cetera. Math is very formulaic, it is very set, so we were worried that maybe our students wouldn't have enough chance for output. We have actually noticed—actually we were wrong—math is a great tool to use while teaching English.

One other thing we noticed in our classrooms—as a teacher, teaching English for elementary is a joy, it is very fun—but I can say that teaching the CLIL math classes was much more interesting than teaching the basic grammar classes. In the basic grammar class, we focused on giving the students a tool to use, and practicing only how to use that tool, whereas in the CLIL class it felt much more that we gave the students a goal; after we gave them the goal, the students were asked, please use what you know to reach that goal. There is no right way to do this, just try. It is very interesting seeing the results. I love teaching this class, very fun. Thank you very much for listening.

池田：具体的なものをお見せしますが、一〇月の終わりに大学祭の期間を利用して、データを取りにいきました。非常に面白かったです。まだパイロット段階ですが、ＣＬＩＬとＰＰＰを比べています。ＰＰＰとは、最初に新しい単語とか構造をプレゼント（present）、生徒に示して、それからプラクティス（practice）、練習して、最後に英語をプロデュース（produce）、産出して、ペアとかグループでコミュニケーションするというCLTの弱い形です。

こちらは小学校四年生用のPPP教材です。出てくるのは、ベッドルームとか、リビングルームなど、家の部屋です。それから、構造のターゲットが“there is”“there are”、それから複数形です。それを使って自分の家に何があるか、部屋に何があるかを、“There are three chairs in the living room.”などと表します。良い悪いの問題ではなく、“there is”“there are”を使えるようになることに、フォーカスがある授業です。

こちらは一年生の算数のCLILです。これが教科書で、算数の文章問題です。“There are five ducks. Then six ducks fly in. How many ducks are there all together?”その下に二口の足し算の練習問題があり、それから最後に同じような文章題を英語で作るという授業です。非常に面白かったのは、偶然ですけれども、PPPのターゲットが“there is”“there are”で、CLILの授業にも“there are”とか“are there”とか、同じ構造が出てきていることです。一〇月下旬だったので、最初はウォームアップとしてHalloween関係の単語が出てきていますが、あとは、教室ではdeskとかchair、家ではliving roomとかJapanese-style/tatami roomとかbedとか、体系的にターゲットになっている語彙がたくさん出てきています。

CLILのほうは、一見そのような体系性はありませんが、太字を見ると算数の用語が出てきます。plusは当然として、addition、subtraction、decompose、小学校一年生でdecomposeとはすごいですよね。何かというと、たとえば7＋8のときに、7と8を、5と2とか、5と3で分けます。これをdecomposeと言うらしいです。

それからもっと面白いのは生徒への質問です。ＰＰＰでは当然、“there is”“there are”と複数形をやるので、質問がどうしてもそれに集中します。それを身に付けさせるためですから、当たり前で、“How many”とか“What's 何々”とか“What are there in your 何とか”とか、そのようなものをたくさん使います。そうしなければ身に付かないからです。それに対してＣＬＩＬは、非常に思考力を問う質問なのです。どのように解くのか、どのように文章にするのか、他の方法はないかとか、そのような質問です。

先ほどのフェイガン先生の話にもありましたが、ＣＬＩＬを教えるほうがはるかに面白いということがわかると思います。思考力も育てられるし、いろいろな質問もできますし、言語に縛られません。ＰＰＰは良かれあしかれ、たとえ先生がネイティブスピーカーであっても、非常に言語的な縛りが出てきてしまうということが、よく出ているかと思います。

ＰＰＰの最後では英語を作り出しますが、生徒が教室で発言したものを見ると、“There are 6 pillows. There are 13 pillows. There are 23 pillows.”となっています。家に枕が二三個あります。「そんな、ばかな」と思っている方々は心がくもっています（笑）。小学校一年生が言っているのですから、うそではありません。この家には二三個の枕があるのです。それに対して、ＣＬＩＬの方を見ていただくと、先ほどの教科書の雛形どおりに、“There are”を使って何がいくつあり、その後に「何々が何々します」と言って加えさせ、「全部でいくつあるでしょうか」という問題を作るのですが、一応これはディスコース、つまりひとまとまりの文章になっています。

短いのですが、少し授業の場面をお見せします。音を全部拾えていないところがありますが、ご覧ください。

〈動画再生〉

池田：子どもたちは、すごいと思います。英語を聞いて理解しているのか、先生が黒板に解き方を書いて理解しているのか、そこはわかりませんが、少なくともこの子はフェイガン先生に向かって、decompose を説明しているということですよね。感心しました。

それから最後の作り出した英語です。「witches が七人いて、六人がやってきて、それで全部で何人でしょう」というものですが、二人分をちょっと聞いてみてください。一人目はきちんとできています。二人目は、いわゆる自動詞と他動詞が小学校一年生なので区別がついていなくて、日本語の語順になってしまっています。それでも、それは自然にだんだんと直るかと思います。

〈動画再生〉

池田：このような感じの授業です。びっくりします。「ここまで小学校一年生はできるのだな」ということを感じました。普通は、ＣＬＩＬは歴史とか言葉がリッチなものとの相性が良いといわれています。ですから最初に校長先生が算数をやると言って「え？」と思ったのですが、逆に、それほど言語量が多すぎず、むしろ数式、算数の知識を借りることができ、かえって良かったの

Content 内容	Communication 言語	Cognition 思考	Culture 協学
Declarative knowledge 教科知識	Language knowledge 言語知識	LOTS 低次思考力	Cooperative learning 共同学習
二口の足し算	算数用語 ハロウィーン関連語 Thereis/are… 基本動詞	理解 応用	グループ
Procedural knowledge 活用知識	Language skills 言語技能	HOTS 高次思考力	Global awareness 国際意識
数式の日常文脈化	聞く 話す 書く	分析 評価 創造	ハロウィーン

図8　CLIL 算数授業の分析

ではないかと今は思っています。

まとめ

　最後に、先ほどのＣＬＩＬの授業分析シートを使ってまとめます。二口の足し算が算数の新知識です。それを、どう活用知識にしているかというと、数式を日常の文脈に置き換えて言語化しています。われわれも、そのようなことはありますよね。新聞とかネットの記事を読んでいて、グラフが出て来たら、それを普通の言葉で解釈していくわけです。したがって、これは立派な活用知識だと思います。その他は、**図8**のような形で、ＣＬＩＬ的な授業の組み立てになっています。

　きょうの一番のフォーカスの、汎用能力の育成ということでいうと、教室で生徒たちが何をやっているかというと、足し算の計算の仕方をまずやっています。それで、今度はグループワークで文章化していくということをやっています。これによってどのような力がつくかというと、ＣＬＩＬの学力としては、英語で新しい知識を活用して、共同で多角的に思考して、数式を日常生活と結び付けて英語で表現します。

このような授業を何年もやっていくと、最終的には、知識を活用する力、多角的な思考力、いわゆるクリエイティブな力とか、もちろん英語で意思疎通する力などが育っていくのではないかと思います。一番重要なのは、英語の力がつくか否かという、単なる言葉の目標ではありません。言語はあくまでも、それを手段として何かをするということなので、ＣＬＩＬは私に言わせると、英語を手段として使うための最良の方法だと思っています。

個人的には、ＣＬＩＬのほうが普通のやり方よりも英語の力がつくとは思っていません。いろいろなデータを採っていますが、実際にＣＬＩＬのほうが非ＣＬＩＬの授業よりもいろいろな面で優位だとは、少なくとも私の持っているデータやいろいろ読んだものの限りでは言えないのではないかと思います。しかし、このような汎用能力というところに、むしろＣＬＩＬの一番大事なところがあるので、だとするとＣＬＩＬは非常にプロミシングな、見込みのある教育法ではないかと思います。

ＣＬＩＬはグローバル教育です。これは一つにはヨーロッパから来ているということで、インターナショナルというような意味ですが、もう一つのグローバルの意味は、コンプリヘンシブ(comprehensive)ということです。ＣＬＩＬは汎用的な能力を育てる素晴らしい教育法だと、私は考えています。以上です。ありがとうございました。

CBI／CLIL／EMIの再定義

早稲田大学教育学研究科博士後期課程　半沢　蛍子

自己紹介と発表の流れ

半沢：早稲田大学大学院教育学研究科の半沢蛍子と申します。まずは皆さん本日のチラシを見ていただきたいと思います。このチラシを見ていただいて、皆さんは一番初めに何をお感じになりましたか？　「英語で教科内容や専門を学ぶ」。ここまではきっと皆さんこれまでの知識に照らし合わせてご理解できたのではないかと思います。ただ、その後にこのサブタイトルを読んだときに、ここにいるきっと何名かの方は「ん？」と思ったのではないかと推測します。サブタイトルでは「内容重視教育：CBI」、「内容言語統合学習：CLIL」、そして「英語による専門科目の指導：EMI」、この三つが並列で並んでいます。ここで少し皆さんにお聞きしたいのですが、ご自分でこの三つの単語をすべて説明ができるという方は、どの程度いらっしゃいますか？　見たところ、ほとんどの方は手が上がっておりません。皆さんどれかはご存じだったと思うのですが、三つもあるということに驚かれた方も多いと思います。このCBI・CLIL・EMIは同じなのか、それとも違うのか？　本日の発表はこれまでの研究の蓄積、先行研究の分析を通じてCBI、CLIL、EMIの類似点・相違点について皆さんにお話ししたいと思います。

すでにこのCLILとCBIについては、幾人かの研究者が用語の定義について議論を行っています。本発表ではまずその議論から話を始めたいと思います。その後、これまでほとんど議論がなされていないEMIという用語についてご紹介をします。最後に、その三つの議論を踏まえて、この三つの用語がどのように関連しているかについてまとめていきたいと思います。

CBIとCLIL

最初によく使用される定義と歴史的背景を見ていきます。Content-Based Instruction（CBI）は、日本では「内容重視指導」としばしば訳され、「物理や化学といった言語以外の内容科目を学生が現在学んでいる第二言語（additional language）を媒介として教える教育的アプローチである」（Lyster & Ballinger, 2011, p. 271）と広く定義されています。一九六四年にカナダのSaint-Lambertでイマージョン教育という名前で、英語を第一言語とする子どもたちへのフランス語の教育の充実を図るために始まりました（Lyster, 2007）。その後、一九七一年にアメリカでスペイン語イマージョンが始まったのを皮切りに、世界中で実践が行われています。一九八〇年代に北米の大学でCBIという用語が作られ、このイマージョン教育を含んださまざまな実践と、その実践に対する研究が進められています（Burger, Weingerg, & Wesche, 2013）。

一方、Content-and-Language Integrated Learning（CLIL）は、日本では「内容言語統合学習」と訳され、しばしば「第二言語（additional language）が科目内容と言語の学習や教授に使用される教育的アプローチ」（Coyle, Hood, & Marsh, 2010, p. 1）と定義されています。ヨーロッパの他言語政策のもと、ＣＬＩＬは一九九四年に用語が作られ、一九九六年にフィンランドのユヴァスキュラ大学（University of Jyväskylä）とEuropean Platform for Dutch educationで教育方法として使用が開始されました（Fortanet-Gómez & Ruiz-Garrido, 2009）。その後二〇年間で、ヨーロッパだけではなく世界中で爆発的に実践が広がっています。

ＣＢＩとＣＬＩＬの相違点と類似点

この二つの用語に関して「違うものなのか、同じものなのか」という議論がなされており、ＣＬＩＬの研究者の中では相違点を強調した立場が比較的多く見受けられます（Dalton-Puffer, Llinares, Lorenzo, and Nikula, 2014 ; Pérez-Cañado, 2012）。Lasagabaster and Sierra（2010）によると、ＣＢＩは、教室内で使用される言語が教室外でも使用される第二言語であり、教師の母語が教室使用言語となり、また早期に学習が開始され、言語習得目標は母語話者レベルであると指摘しています。それに対してＣＬＩＬは、教室外では使用がほぼない外国語によって教授がなされ、教師は教室使用言語と教室外コミュニティの使用言語のバイリンガル話者であり、母語の読み書き能力をある程度習得してから学習が始まり、習得目標は実践に使用できるレベルであるとその違いを指摘しています。

しかしCenoz, Genesee, and Gorter（2014）はこうした相違点強調を批判し、ＣＢＩとＣＬＩＬには根本的な違いがないことを指摘しています。そして彼らの批判通り、上記で挙げられた相違点に対する反証例は非常に多く存在します。たとえば、アメリカの日本語ＣＢＩやスペインでのバスク語のＣＢＩなどは（Lyster, 2007）教室外ではほとんど使用されない言語によるＣＢＩ実践を示しています。言語の習得目標に関しては、確かにＣＢＩ研究では教室言語の母語話者を参照点として研究が行われていますが（e. g., Harada, 2007）、それらはあくまでも研究上の比較グループであり、ＣＢＩの教育目標を表しているわけではありません。またCenoz et al.（2014）はVárkuti（2010）の「ＣＬＩＬでは理想的なbalanced bilingualが目指される」という記述を取り上げ、ＣＬＩＬが決して実践に使用できるレベルだけが目標とされていないことを指摘しています。さらに学習開始年齢に関しても、五歳ごろから始まるearly CBI、七歳ごろから始まるmiddle CBI、一一歳ごろから始まるlate CBI（Lyster & Genesee, 2012）、さらに大学から開始するlate-late CBI（Burger, Wesche, & Migneron, 1997）といった、さまざまなバリエーションが存在しています。つまり、ＣＢＩとＣＬＩＬは実践的レベルではほぼ同じ教育アプローチであると考えることができます。

ＣＢＩとＣＬＩＬの内容と言語のバランス

次に、ＣＢＩとＣＬＩＬの相違点としてしばしば指摘される「内容と言語のバランス」という概念的違いについて見ていきたいと思います。ＣＢＩとＣＬＩＬはそれぞれ、「内容と言語のバランス」についてどのように考えているのでしょうか？　結論から言うと、ＣＢＩでは「内容と言語のバランス」についてそもそも多様性を明確化していますが、ＣＬＩＬでは「内容と言語のバランス」について教義と広義の解釈が存在しており、研究者によってその解釈にある程度の違

図 9　CBI における言語と内容のバランス（Met, 1998）

いがあるといえます。

図9はCBI研究で最も広く使用されている、Metが一九九八年に出した「内容と言語のバランス」に対する実践の分類を示しています(Met, 1998)。この分類によるとCBIは教科・専門科目の学習に特化したイマージョン教育のようなものから、言語の学習に特化している科目内容を頻繁に使う言語クラスすべてが含まれているとしています。さらにこの間にはさまざまなバリエーションがあり、いくつかの科目内容を外国語で行い、その授業に対応した言語クラスを受けるAdjunct courseや、クラス内にいる人たちすべてがその言語の第二言語話者である学習者から構成されるSheltered instructionなどの実践が含まれています。つまり、この分類から考えるとCBIでは「内容と言語のバランス」について非常に柔軟な立場を取っており、実践によって多くのバリエーションがあることが見て取れます（**図9**）。

一方CLILでは、この「内容と言語のバランス」という観点において、狭義の解釈と広義の解釈が存在しています。狭義の解釈では、「CLILは内容と言語のバランスが非常にとられた教育アプローチであり、言語と内容に対してどちらに対する隔たりもない、非常にバランスがとれた教育的アプローチ」と考えられています。こうした解

図10　CBI・CLIL・EMI における「内容と言語のバランス」

釈はCoyle（2007）の「ＣＬＩＬとは他の多くのアプローチといくつかの要素を共有しているが、その本質として、それらとの違いは〝統合〟のアプローチにある。つまり、内容と言語はそのどちらにも偏りなく概念化されているものだ」という定義や、Coyle et al.（2010）による「教育と学習のプロセスにおいて、内容だけでなく言語にも焦点が当たっている。そして、それぞれが密接に関連している。それがＣＬＩＬである」という定義が当てはまります。先ほどのMetの分類にこの解釈を当てはめてみると、ＣＬＩＬは内容・教科の学習に特化した実践と言語の学習に特化した実践とのちょうど真ん中に位置する教育アプローチであると考えられます（**図10**）。ただこの教養の解釈に関しては、残念ながら内容と言語に対してバランスが取れている実践の状態や教育内容がどのようなものであるかについて具体的な基準や方法への提案が非常に少なく、多くの研究者によって研究不足が指摘されています。

　広義の解釈では「ＣＬＩＬは第二言語で教科・専門科目を教えるアプローチすべてを含む包括的な用語である」と考えられています。こちらの解釈は、たとえば「ＣＬＩＬとは第二言語

（外国語・地域の言語・少数言語・公用語すべてを含む）が言語の授業以外の特定の教科・専門科目の教授に使用されているすべてのタイプの教育を記述する包括的な用語である」というヨーロッパのＣＬＩＬ実践を報告したレポート（Eurydice, 2006）や、多くの研究者が採用するＣＬＩＬは「umbrella term」であり多くのバリエーションがあるという定義から見て取ることができます（e. g., Marsh, 2008 ; Yang, 2014）。そして重要なことは、この広義の解釈においてＣＬＩＬは「内容と言語のバランス」において柔軟性があり、幅広い実践を許容しているという点です（**図10**）。つまり、この解釈によるＣＬＩＬは、上で見たＣＢＩとほぼ同義の教育アプローチとみなすことができるということです。いくつかの研究でこの解釈の妥当性に対する議論が行われ、そうした研究によると「内容と言語のバランス」においてＣＢＩとＣＬＩＬには大きな違いがないことが指摘されています（Cenoz, 2015 ; Llinares & Lyster, 2014）。

これまでの議論においてMet（1998）の分類はこれまで提案された他の特徴と異なり、ＣＢＩとＣＬＩＬの関係性に対する分析に非常に有効に機能しました。次は、この分類を用いて「英語で教科内容や専門を学ぶ」実践を示す用語であるEnglish-Medium Instruction（ＥＭＩ）について見ていきたいと思います。

ＥＭＩについて

English-Medium Instruction（EMI）は、今回の講演会では「英語による専門科目の指導」と訳されています。この用語の特徴は第一に教室使用言語にあります。ＣＢＩ・ＣＬＩＬでは、教室で使用される言語はどの言語でも可能であり、アメリカでの日本語を使用したCBIや、フランスでのスペイン語を使用したCBI、また日本での中国語を使用したCBIなどが可能でした。それに対してEMIでは、どこの地域で行われたとしても教室使用言語は英語に限られます。EMIの実践は非常に歴史が古く、英語圏の植民地やアフリカの国々ではかなり長い間実践が行われています。しかし、このEMI実践の新規性は一九九〇年代以降にこれまで母国語で教育を行ってきたヨーロッパやアジアの国々で実践が広まった点にあります（Evans & Morrison, 2011）。

Met（1998）の「内容と言語のバランス」という観点から見てみると、このEMIという用語にもCLILと同じように広義と狭義の解釈が存在しています。広義のEMIは「教科科目や専門教育での英語の使用」というまさに文字通りの意味を示しています。この広義の解釈は「EMIは言語の授業以外のコース（たとえば医学・物理・政治学）が英語で、英語が外国語である学生に教えられていること」というHellekjaer（2010）の定義や、「大多数の人が使用している言語が英語でない国や地域で、学術内容の教育に英語が使用されていること」というDearden（2015）のEMIの定義に見ることができます。ここで重要なことは、この広義のEMIの特徴は「英語が外国語である地域で英語が使用されて内容・専門教育が行われること」であり、「内容と言語のバランス」といった実際の実践を規定する教育的特徴は定義の中には存在していないことです。つまり、こちらの解釈においては「内容と言語のバランス」という観点においてはEMIも多様な実践を許容していることが考えられ、そして使用言語は英語に限定はしていますが、CBIや広義のCLILとほぼ同じものを指していると考えられます（図10）。実際同じEMI

という用語を使用して、English for Academic Purpose（EAP）やEnglish for Specific Purpose（ESP）、英語と内容のバランスを強調するもの、内容教育のみに主眼が置かれたものまで「内容と言語のバランス」という観点に対して非常に多様な実践が行われています（Doiz, Lasagabaster & Sierra, 2013の実践報告を参照）。

一方で、最近Unterberger and Wilhelmer（2011）が新しい、より教養の意味でＥＭＩの解釈を行っています。彼らはＥＭＩを「内容の学習・習得のみに焦点が当たっている教育的アプローチ」に限定し、①内容が特定の科目やプログラム全体で使用されており、②学習目標は内容科目の知識の習得であり、③言語学習は偶発的に行われる、さらに④科目の専門家が学問領域の知識に基づいて授業を進めるとその特徴を挙げています。こちらの解釈では、ＥＭＩとは内容・専門科目の学習に特化したイマージョン教育とほぼ同じ位置に位置する教育プログラムであるとみなすことができます（**図10**）。確かにこの二つの類似性は多く、イマージョン教育とＥＭＩの双方で、講義を中心とした授業構成が取られている点（Evans & Morrison, 2011）や、教師が自身を言語ではなく科目内容の専門家であるとみなしている点（Airey, 2012；Lyster, 1998）、また両実践で言語教育への配慮への不足が挙げられているという点（Day & Shapson, 2010；Unterberger, 2014）が挙げられます（**図10**）。

ＣＢＩ・ＣＬＩＬ・ＥＭＩの関係性の再定義

それでは、ＣＢＩ・ＣＬＩＬ・ＥＭＩの関係性をMet（1998）の「内容と言語のバランス」における分類からまとめていきたいと思います。議論を簡単にするために、ここでは教室使用言語を英語に限定し、英語を使用したCBI、英語を使用したCLILのみを議論対象にします。前出の**図10**は三つの用語の関係性を視覚的に表したものです。CBIは「教科専門科目の学習に特化した教育」から「科目内容を使用した言語学習教育」まで、そのすべてを含んだ授業実践・授業アプローチです。そしてCLIL・EMIには狭義と広義の解釈が存在し、広義のCLILまた広義のEMIは、CBIと同じく科目特化から言語特化まですべてを含んだ授業実践、授業アプローチです。それに対し、狭義のCLILは専門科目学習・言語学習のどちらにも特化しない、両方がバランスよく両立された教育アプローチであり、連続体のちょうど真ん中に位置していま す。最後に狭義のEMIは、教科専門科目の学習に特化したイマージョン教育とほぼ同じような立場をとる教育的アプローチであると解釈できます。

今回、CBI・CLIL・EMIをMet（1998）の「内容と言語のバランス」に対する分類に基づいて分析を行い、**図10**のように再定義を試みました。しかし、「CBIとCLILの相違点と類似点」の章で紹介したCBIとCLILの定義に対する議論を除き、用語の定義に対する議論はほとんど行われていません。またそのために第二言語習得理論、バイリンガル教育、高等教育などの研究分野で、これらの用語使用に対して混乱が起きているのが現状です。たとえば、Aguilar and Muñoz（2014）ではCBI・CLIL・EMIのすべての用語を紹介していますが、論文中でその違いを明確化せず、「ここではCLILという言葉を使いますが、ただ厳密に言うとEMIかもしれません」（p. 2）という記述を行っています。また Smit & Dafouz（2012）では

ＥＭＩとＣＬＩＬを詳細な分析を行わないままに、区別なく使用がなされています。しかし、これらの論文は「英語で教科内容や専門を学ぶ」実践を表す用語が複数存在するという事実を読者に示していますが、多くの論文（e. g., Yang, 2014）では研究者が選択した特定の用語だけが示され、それ以外の用語に一切言及していなかったり、また論文引用の際に、引用した論文で使用されていない別の用語を使用したりしています（e. g., Pérez-Cañado, 2012）。

ＣＢＩ・ＣＬＩＬ・ＥＭＩという「英語で教科内容や専門を学ぶ」実践を表す用語は、生み出された社会的・言語的・教育的背景は大きく異なり、そうした違いがこれらの用語の差異を生み出していると主張する研究者もいます（Dalton-Puffer et al., 2014）。しかしここまで見てきたように、これらの用語にはさまざまな解釈が同時に存在していて、定義・実践上の違いは具体的にあげることはできませんし、また議論もあまり進んでいません。ここで強調したいのは、用語の使用については研究分野全体で混乱が起こっており、最終的な用語選択は研究者の好みに委ねられているという点です。つまり、特定の用語の使用はある一定の教育的実践を明確に示すような「特徴」を担保しているわけではないのです。

用語の選択が研究者によって〝恣意的〟に行われているということは、今後「英語で教科内容や専門を学ぶ」実践を扱った文献を扱っていく際に、私たちに以下の二つの点について注意を促していると思います。まず一つは、ある文献で選択されていた用語に対する「証査」の必要性です。これまで見てきた通りＣＢＩ・ＣＬＩＬ・ＥＭＩはそれぞれ幾つかの解釈が存在しています。そのため、論文で使用されている用語がどのような意味として使われているのかを明確にし、自身の持つ定義とすり合わせる必要性があります。次に、それとは対照的に文献検索の際に視野を「拡大」する必要性です。同じ用語への異なる解釈は、異なる用語が使用されていても同じ実践を示している可能性を示しています。そのためひとつの用語に縛られることなくさまざまな用語で示されている実践に目を向けていく必要があります。今後私たちはこうした「証査」と「視野の拡大」を批判的に積み重ねることによって、「英語で教科内容や専門を学ぶ」実践への理解を深め、またより良い実践を行うことができると考えています。

以上で発表を終わります。ありがとうございました。

〔参考文献〕

Aguilar, M., & Muñoz, C.（2014）. The effect of proficiency on CLIL benefits in Engineering students in Spain. *International Journal of Applied Linguistics*, 24（1）, 1–18. doi:10.1111/ijal.12006

Airey, J.（2012）. “I don't teach language”: The linguistic attitudes of physics lecturers in Sweden. *AILA Review*, 25, 64–79. doi:10.1075/aila.25.05air

Burger, S., Weingerg, A., & Wesche, M.（2013）. Immersion studies at the University of Ottawa: From the 1980s to the present. *Les cahiers de l'ILOB*, 6, 21–43.

Burger, S., Wesche, M. B., & Migneron, M.（1997）. “Late, late immersion”: Discipline-based second language teaching at the Universiy of Ottawa. In R. K. Johnson & M. Swain（Eds.）, *Immersion Education: International Perspectives*（pp. 65–84）. Cambridge: Cambridge Universiy Press.

Cenoz, J.（2015）. Content-based instruction and content and language integrated learning: the same or different? *Language, Culture and Curriculum*, 28（1）, 8–24. doi:10.1080/07908318.2014.1000922

Cenoz, J., Genesee, F., & Gorter, D. (2014). Critical Analysis of CLIL: Taking Stock and Looking Forward. *Applied Linguistics*, 35(3), 243–262. doi:10.1093/applin/amt011

Coyle, D. (2007). Content and Language Integrated Learning:Towards a Connected Research Agenda for CLIL Pedagogies. *International Journal of Bilingual Education and Bilingualism*, 10(5), 543–562. doi:10.2167/beb459.0

Coyle, D., Hood, P., & Marsh, D. (2010). *CLIL: Content and Language Integrated Learning* Cambridge, UK: Cambridge University Press.

Dalton-Puffer, C., Llinares, A., Lorenzo, F., & Nikula, T. (2014). "You Can Stand Under My Umbrella": Immersion, CLIL and Bilingual Education. A Response to Cenoz, Genesee & Gorter (2013). *Applied Linguistics*, 35(2), 213–218. doi:10.1093/applin/amu010

Day, E. M., & Shapson, S. M. (2010). Assessment of oral communicative skills in early French immersion programmes. *Journal of Multilingual and Multicultural Development*, 8(3), 237–260. doi:10.1080/01434632.1987.9994288

Dearden, J. (2015). *English as a medium of instruction: A growing global phenomenon*. Retrieved from https://www.britishcouncil.org/sites/default/files/e484_emi_-_cover_option_3_final_web.pdf

Eurydice. (2006). Content and Language Integrated Learning (CLIL) at School in Europe. Retrieved from http://www.indire.it/lucabas/lkmw_file/eurydice/CLIL_EN.pdf

Evans, S., & Morrison, B. (2011). Meeting the challenges of English-medium higher education: The first-year experience in Hong Kong. *English for Specific Purposes*, 30(3), 198–208. doi:10.1016/j.esp.2011.01.001

Fortanet-Gómez, I., and Ruiz-Garrido, M. F. (2009). Sharing CLIL in Europe. In M. L. Carrió-Pastor (Ed.), *Content and language integrated learning: Cultural diversity*, Frankfurt-am-Main: Peter

Lang, 47-75.

Harada, T. (2007). The production of voice onset time (VOT) by English-speaking children in a Japanese immersion program. *IRAL - International Review of Applied Linguistics in Language Teaching*, 45(4). doi:10.1515/iral.2007.015

Hellekjaer, G. O. (2010). Lecture comprehension in English-Medium Higher Education. *Hermes – Journal of Language and Communication Studies*, 45, 11-34.

Lasagabaster, D., & Sierra, J. M. (2010). Immersion and CLIL in English: more differences than similarities. *ELT Journal*, 64(4), 367-375. doi:10.1093/elt/ccp082

Llinares, A., & Lyster, R. (2014). The influence of context on patterns of corrective feedback and learner uptake: a comparison of CLIL and immersion classrooms. *The Language Learning Journal*, 42(2), 181-194. doi:10.1080/09571736.2014.889509

Lyster, R. (1998). Recasts, repetition and ambiguity in L2 classroom discourse. *Studies in Second Language Acquisition*, 20, 51-81.

Lyster, R. (2007). *Learning and Teaching Languages Through Content: A counterbalanced approach* (Vol. 18). Amsterdam, Netherlands: John Benjamins.

Lyster, R., & Ballinger, S. (2011). Content-based language teaching: Convergent concerns across divergent contexts. *Language Teaching Research*. doi:10.1177/1362168811401150

Lyster, R., & Genesee, F. (2012). Immersion Education. doi:10.1002/9781405198431.wbeal0525

Marsh, D. (2008). Language awareness and CLIL. In J. Cenoz & N. H. Hornberger (Eds.), *Encyclopedia of Language and Education; vol 6. Knowledge about Language* (pp. 233-246), Springer.

Met, M. (1998). Curriculum decision-making in content-based language teaching. In J. Cenoz & F. Genesee (Eds.), *Beyond bilingualism: Multilingualism and multilingual education* (pp. 35-63).

Clevedon: Multilingual Matters.

Pérez-Cañado, M. L. (2012). CLIL research in Europe: past, present, and future. *International Journal of Bilingual Education and Bilingualism*, 15(3), 315–341. doi:10.1080/13670050.2011.630064

Smit, U., & Dafouz, E. (2012). Integrating content and language in higher education: An introduction to English-medium policies, conceptual issues and research practices across Europe. *AILA Review*, 25, 1–12. doi:10.1075/aila.25.01smi

Unterberger, B. (2014). *English-medium degree programmes in Austrian tertiary business studies: Policies and programme design.* (Ph. D. Dissertation).

Unterberger, B., & Wilhelmer, N. (2011). English-medium education in economics and business studies: Capturing the status quo at austrian universities. *ITL - International Journal of Applied Linguistics*, 161, 90–110. doi:10.2143/ITL.161.0.2162436

Vá rkuti, A. (2010). Linguistic benefits of the CLIL approach: measuring linguistic competences, *International CLIL Research Journal 1*, 67–79.

Yang, W. (2014). Content and language integrated learning next in Asia: evidence of learners' achievement in CLIL education from a Taiwan tertiary degree programme. *International Journal of Bilingual Education and Bilingualism*, 18(4), 361–382. doi:10.1080/13670050.2014.904840

都立高校におけるCLILの実践の効果と課題

東京都立西高校教諭　福田　恭久

自己紹介

福田：こんにちは。都立西高校の福田です。よろしくお願いします。

「都立高校におけるCLIL実践の効果と課題」ということで、池田先生と半沢さんのお話の後にこのCLIL実践の話をするのは非常に苦しいところではありますが、むしろ批判的に見ていただいて、パネルディスカッションでいろいろなご意見を皆様から頂ければと思います。よろしくお願いします。

まず簡単に自己紹介をさせていただきます。現在勤務している都立西高校には、昨年度着任しました。また、一昨年度から昨年度まで二年間ほど、原田哲男先生のゼミでSLA、あるいはバイリンガル教育やCLILの動機づけについていろいろ勉強させていただきました。

動機づけの観点から見たCLIL

今回は動機づけの観点から、CLIL的実践が生徒に対してどのような効果を生み出すのかという視点で見ていきたいと思います。CLILのフレームワークについては先ほど池田先生から

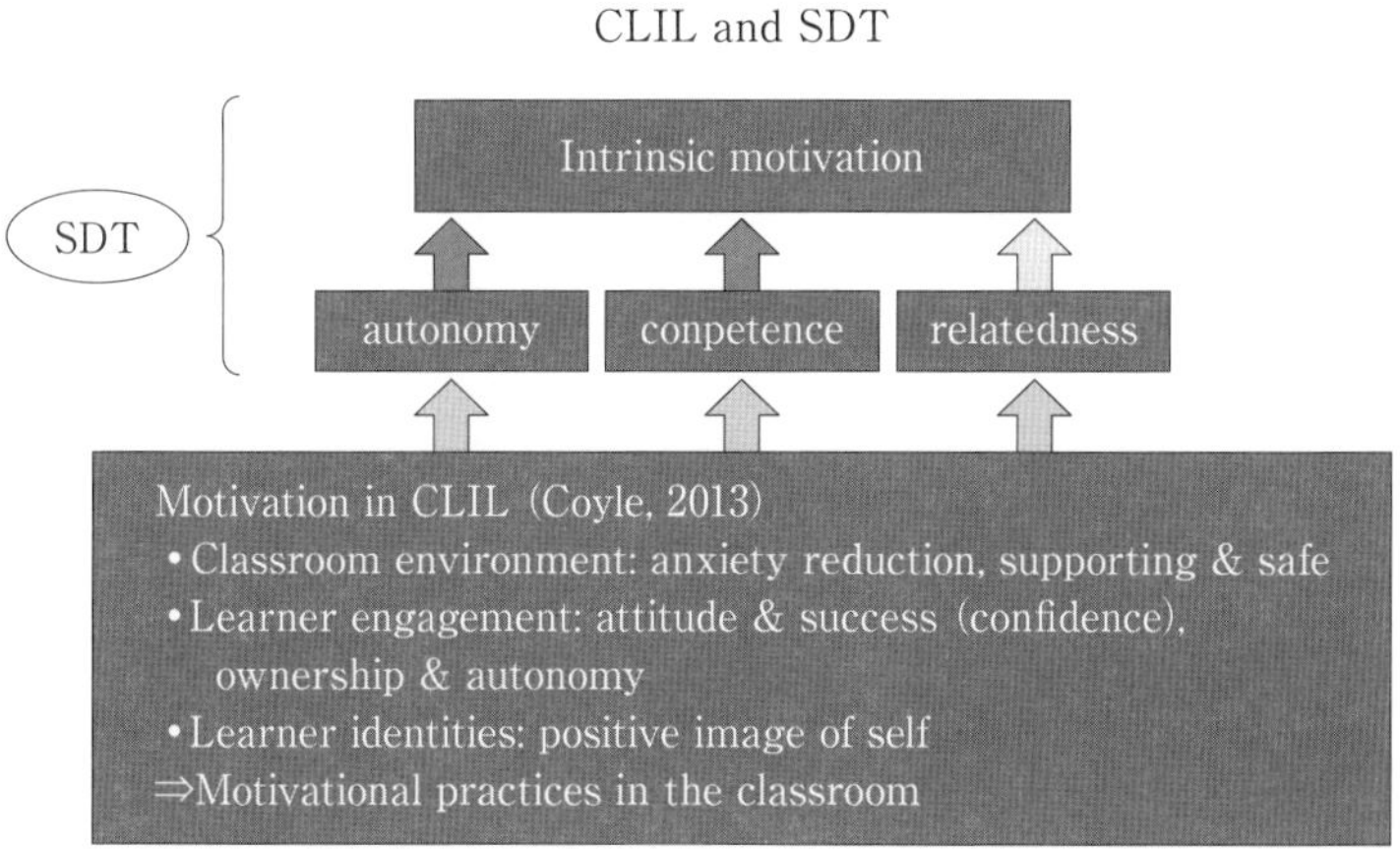

図11　CLILとSDTの関係

お話がありましたので、詳しい話は必要ないと思いますが、実際にこのCLILの4Cを導入しようとする際に、やはりコア（核）になっていくものは、インタラクションであることは間違いないと思います。生徒同士のインタラクションがなければ何も生まれないと言っていいと思います。ただし、このインタラクションというのは、やはり生徒にとって非常につらい活動ですので、生徒の動機づけ（motivation）が非常に重要なものになってきます。

動機づけにはいろいろな理論があるかと思いますが、SLAの分野でこのSDT（自己決定理論）がよく使われています。動機づけを高めていくには、自律性、有能性、関係性、これら三つの要求を満たしてあげることがとても重要です。

そこで、CLILとこの動機づけ、SDTの関係をどう見ていくのかについてお話しさせていただきます（**図11**）。少し見にくいかもしれませんが、Coyle（2013）のCLILにおける動機づけについてです。まずはclassroom environmentとして、教室で学習者の不安を減らすための工夫が必要となります。やはり生徒というのは、間違えたらどうしようとか、恥ずかしいとか考えますので、間違えてもいいのだよ、と少しでも生徒の不安を緩和してあげられるようにします。さらに成功体験、自信をどのようにして与えてあげるか、そしてownership & autonomyということで、別にネイティブライクである必要はないのだと、マイイングリッシュ（自分の英語）でもいいし、あくまでこの授業での活動というのは、生徒（学習者）がイニシアティブをとっていく、そして生徒（学習者）がpositive image、いわば理想自己を持っているということを強調します。それで、自分が将来、どのような英語の話者になっているのかというイメージを与え、それを念頭にしてタスクなり教材なりを与えていきます。それがＣＬＩＬの動機づけであり、そのようなフレームワークの上にautonomy（自律性）とcompetence（有能性）、そしてrelatedness（関係性）の欲求が満たされていくのではないかと思います。特にRyan & Deci（2000a, 2000b）は、この有能性と自律性の欲求を満たすことが重要であると言っています。

高校におけるＣＬＩＬの実践

では、具体的に先ほどの考え方に基づいて、どのようにＣＬＩＬを授業に入れていったのか、話をしてみたいと思います。もちろん、高等学校ですのでこれまでの流れで言うとWeak CLIL、Soft CLILと申しますか、弱形ＣＬＩＬのほうです。私は昨年度初めて、いわゆるコミュ英と呼んでいますが、「コミュニケーション英語Ⅱ」の授業、二年生二クラスで導入しました。これに関してはまた後で触れてみたいと思います。

今年は一年生の担任をしておりまして、「英語表現Ⅰ」、現場では英表と呼んでいますが、英表の授業で一年生全クラス、八クラスでこのＣＬＩＬ的な考え方を導入しました。使っている教材は、少し申し上げにくいことではありますが、教科書ではありません。副教材のテキストで、一般的な受験用のリーディング教材です。それを基にして、自分たちで教材を作り導入しています。クラスサイズは四一人で、基本的には分割をしていません。形態は一クラス、もちろん日本人の英語教員が担当しております。二単位あり、週二時間のうちの一時間はＪＥＴプログラムの外国人講師（以下、ＪＥＴ）が入ります。そして年間一六回ほどＡＬＴも入り、そのときだけは四一人を分割してディベートを教えています。学年全体としては日本人の教員が三名、そしてＪＥＴ・ＡＬＴで二名、計五名で指導にあたっています。

そこで最大に意識していることは何かというと、シラバスや教材、授業の進め方、あるいはどのように評価するのかということを、この五名全員で共通理解を図って進めるということです。年度当初四月に生徒に訴えたことは、英表の授業では四技能を統合的に扱うということです。統合的に扱うということは、思考的な営み（思考力）、cognition を伴うということで、自分の考えや意見を生徒に論理的に表現してもらいます。具体的に何をするのかというと、授業ではディスカッションやディベートを行います。その過程で、授業で扱っているテーマに関する内容と言語の両方を習得していくということを生徒に訴えました。

これは最も大事なことと思っているのですが、評価に関してはスピーキングテスト、定期考査ではテーマに関する知識を含めたリーディング、ライティング、リスニングテスト全てを行います。その得点は全て、評価、成績に反映するという話を最初にしました。

具体的にどのようなテーマでディベートをしてきたかというと、四月から五月は「地球温暖化対策」、そして六月から七月は「搾取労働」、九月から一〇月は「人工知能」、一一月から始めた「インターネットの年齢制限」が、先週終わったばかりです。そして今始まったばかりの「首相の公選制と高校の義務教育化」は非常に難しいテーマで、これまでもそうですけれども、生徒に求めるからには教員もかなりわかっていなければなりませんので、これまでの四つのテーマに関しても教員五名でいろいろディスカッションしながら学んできました。原田先生もおっしゃっていましたが、その過程はまた非常に楽しいもので、むしろ自分が政治にはまってしまうぐらいのものです。

いよいよこれから本格的にディベートが始まるというところで、私も政治にはあまり詳しくないので、選挙制度をもう明日からでも勉強しなければというような状況ですが、これから生徒はこの二つのテーマに関するディベートの準備としてディスカッションを行います。今週水曜日には立教大学の松本茂先生に来ていただき、ディベートとは何か、そして、この二つのテーマのアプローチの仕方について講演をしていただきました。

ＣＬＩＬを導入した授業の進行

具体的にどのような流れで授業が進んでいくのかということについて、追加資料を見ながら話

1. Language/Content objectiveの提示
2. キーワードの提示
3. 教材テキストの理解と内容サポートの資料配布
4. 関連動画の視聴（難語の書き換え/Q&A/summaryによる言語・内容サポートとテキストの理解）
5. Opinion Making
（例）Should we try to stop sweatshops?
Using AI gives more good to society than bad.
6. 賛成・反対両方の立場でリサーチ
7. 概念地図/Argument（Main idea），語彙リストの作成
8. JET作成のModel Dialogueの提示と練習
9. Debate skillの提示（JET/ALT）と練習
10. インタラクション（Discussion/Debate in pairs/groups）

図12　英語表現Ⅰの授業の流れ

を聞いていただきたいと思います。縮小をかけて切り貼りしたため文字が小さくわかりにくいかもしれませんが、最初のページに挙がっているものが授業の最初に配布するワークシートです。もちろん導入の際には、言語と内容に関する目的を生徒に説明します。それから、生徒が頻繁に使うであろうキーワードを提示して、教材理解・内容サポートの資料を配布したりします（図12）。

今回の追加資料は「Sweatshop Labor（搾取労働）」のものですけれども、場合によってはかなりの内容サポートになります。たとえば「人工知能」導入の際には『AERA』の記事や新聞記事など、かなりの資料を配布して説明した上で、生徒がリサーチしていくというようなケースもありました。生徒があらかた基本的な知識と言語を押さえたところで、YouTubeを使用します。YouTubeも非常に難しいのですが、授業で扱うには時間にして七～八分程度で、しかもその概略がよくわかるもの、英語

もわかりやすいものという観点で、日本人英語教員三名でかなりYouTubeを見て探します。その中から絞り込み、これにしようということで決定したものを見せるのですが、その上で難語を書き換えたり、Q&Aを付けたり、サマリーを付けたり、こちらで内容理解のための補助を行います。そうすることで、生徒にテキストを少しでも多く理解してもらうという形です。

次にオピニオンメイキング（opinion making）、タスクを生徒に与えていきます。どうすればSweatshop Laborを止めさせられるかなど、いろいろなテーマを与え、生徒は賛成と反対の両方の立場でリサーチをします。生徒はさらに概念地図を作成し、自分が使うであろう語彙を考え、自分専用の語彙リストを作成します。十日から二週間後、ＪＥＴが作成したモデルダイアログを導入しスピーキング・プラクティスに入ります。どのようにインタラクションするかを生徒に見せた上で、実際にディスカッション、ディベートに入っていきます。このディスカッション、ディベートも何度もrepetition、繰り返すことによって内容に関する知識と言語の定着を図っています。

評価について

評価については、このように考えています。まず、このスピーキングテスト、定期考査の直前に四一人を二グループに分割して、ＪＥＴ・ＡＬＴでそれぞれ一対一のインタビューテストを実施します（**図13**）。その際に、追加資料に載せましたが、ルーブリックを活用して評価します。その後、生徒は自分で気づいたこと、良かった点や課題を記入し、スピーキングテストの次の授業あるいは定期考査の後にフィードバックを行います。このインタビューテストは全て録音しています。録音したものをＪＥＴあるいはＡＬＴに聞いてもらい、その上でこのフィードバックを考えてもらい、それをパワーポイントにまとめて授業で提示するという形になっています。それも資料にありますので、後でご覧ください。

ライティング以下、この五つに関しては全て定期考査で測っています。ここで重要視していることは、スピーキングとライティングのつながりで、授業と同じ場面でスピーキングテストを実施し、そして同じ領域でライティングテストを行います。生徒はスピーキングテストでうまく言えなかった箇所を修正し、それを踏まえてライティングテストでも同じ領域で書いてもらうことで、スピーキングからライティングへとつながるよう工夫しています。

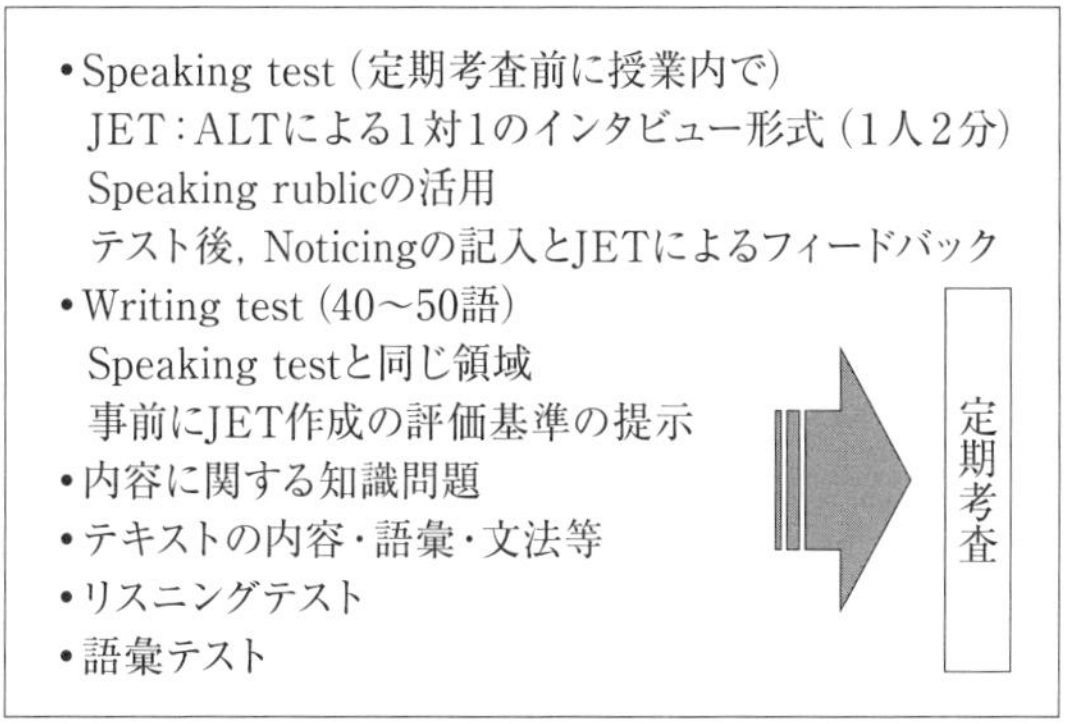
•Speaking test（定期考査前に授業内で）
JET：ALTによる1対1のインタビュー形式（1人2分）
Speaking rublicの活用
テスト後，Noticingの記入とJETによるフィードバック
•Writing test（40～50語）
Speaking testと同じ領域
事前にJET作成の評価基準の提示
•内容に関する知識問題
•テキストの内容・語彙・文法等
•リスニングテスト
•語彙テスト
定期考査

図13　英語表現Ⅰの評価

生徒の反応について

生徒の反応は、おおむね期待どおりです。やはりオーセンティック（authentic）な教材は非常に面白い、英語はむずかしく理解も大変だけどその分非常にやりがいを感じるという生徒が多い

⇒英語授業レベルの動機づけを６件法で測定
• 質問紙は自律性，有能性，関係性の３欲求に関するものは質問項目で，Hiromori and Tanaka(2007)に変更を加えたもの

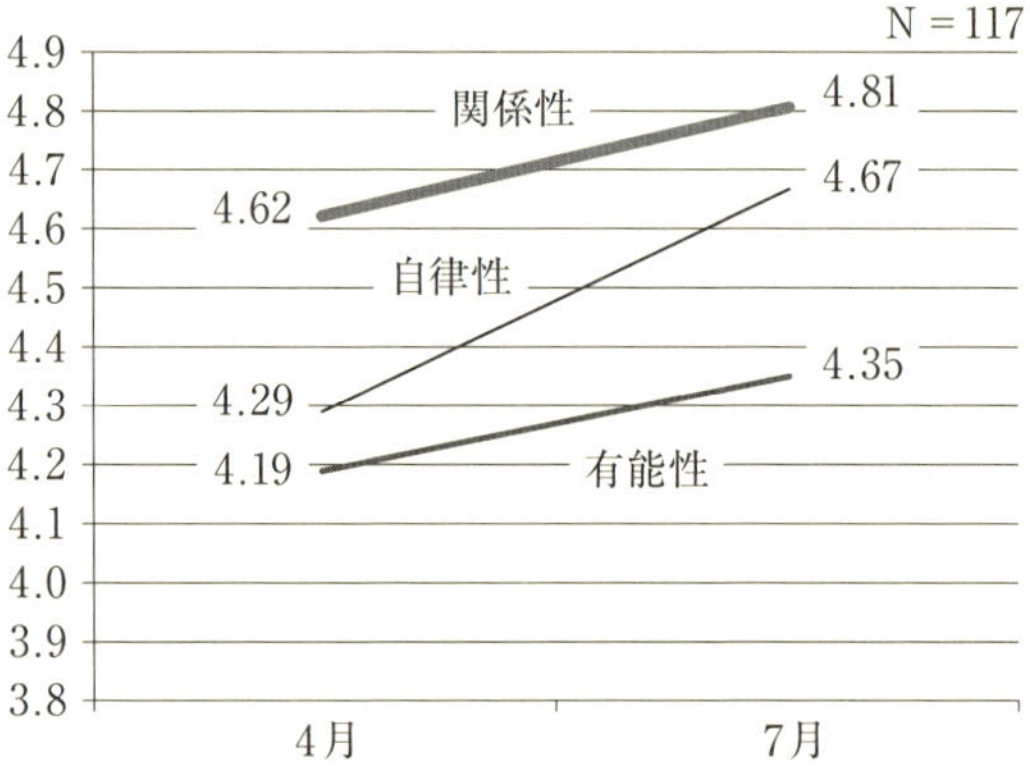

図14　英語表現の授業に関する動機づけ

のは確かです。ここがＣＬＩＬかなと思うのですが、テーマに関する知識が身に付くと同時に英語力が身に付いていくと実感している生徒もたくさんいます。ただその反面、動画は単語が非常に難しいため内容が理解できなかったという生徒もいます。

　では、インタラクションについて生徒はどのように反応しているかというと、やはり自分の意見を表明するのは非常に楽しいという声がたくさんあります。そして、これがいわゆる「協学」にあたるところかと思いますが、他の生徒とインタラクションをしているといろいろな観点、自分にはなかった視点や洞察が得られると感じている生徒が非常に多いです。他にも、知識や語彙が身に付くなど、ＣＬＩＬの側面が出ているかと思います。

　しかしその一方で、語彙力が足りない、言いたいことが言えないとか、日本語でもできないことがなぜ英語でできるのかといった声もあり、あるいは自分がいくら調べて英語を一生懸命話しても相手が準備不足でわかってくれない、そこで対話が止まってしまうという場面も起きていま

す。

そこで、英語授業レベルの動機づけということで、六件法で測定しました。自律性、有能性、関係性について、四月から七月にかけて数値はこのように全て上がっています（図14）。

次に、昨年度私が導入した二年生の「コミュニケーション英語Ⅱ」に関する結果を見ていただきたいと思います（図15）。こちらは全て下がっています。私もこの結果には非常に心が折れました。

⇒英語授業レベルの動機づけを６件法で測定
・質問紙は自律性，有能性，関係性の３欲求に関するものは質問項目で，Hiromori and Tanaka(2007)に変更を加えたもの

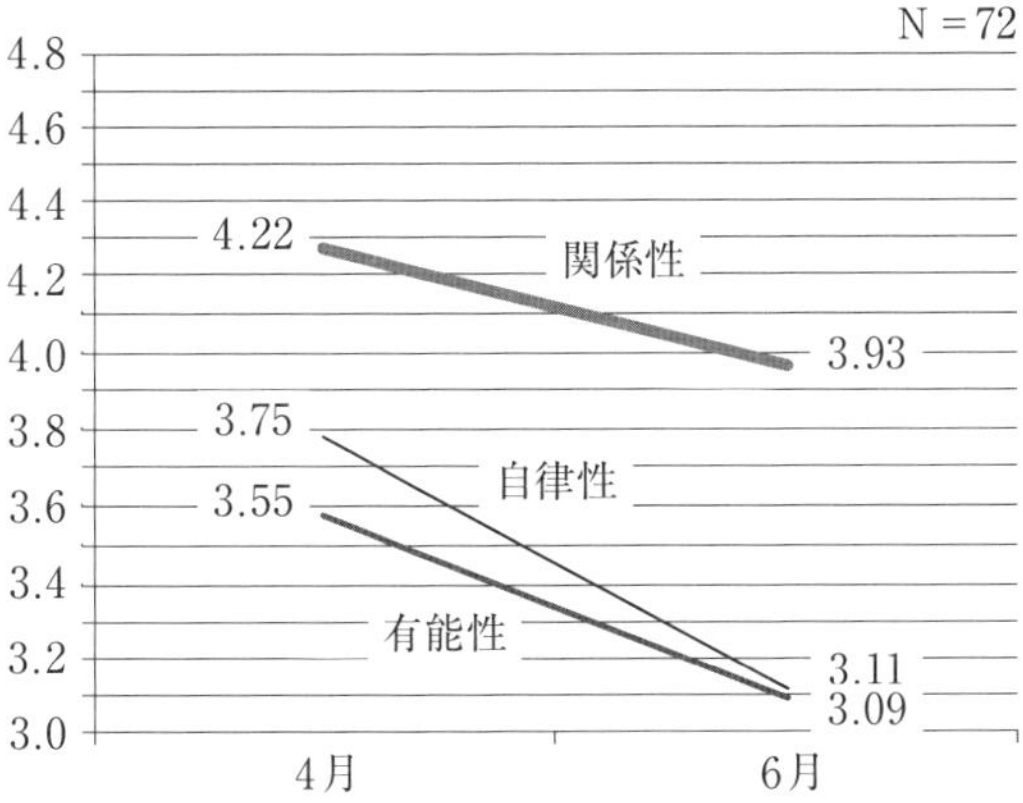

図15　2015年度コミュニケーション英語Ⅱの授業に関する動機づけ

生徒の自律性がここまで下がってしまう、有能性もあったはずなのに、なぜこのような結果になってしまったのか。今年と去年の違いを見ていただきますと、まず昨年度はＣＬＩＬ的な授業を行っているのが私だけでした。八クラスあって、私が持っている二クラスだけで行っておりましたが、まず認知的負荷があまりにも高すぎる、少ない授業時間の中でひたすら読んで聞いて、そして話して、あまりにもつらすぎるよと、生徒から不満の声があがりました。そして一番の問題は評価です。あれほど授業で大変なことをしたのに、それがテ

ストには反映されていない、成績にも反映されていない、これは何なのかというところで、生徒からもこれはひどいぞとかなり非難されました。それと三つ目の、内容と言語に関する認知的負荷のバランスです。生徒は非常によくリサーチをし、よく考えます。立派な意見を持ちます。その反面、それを英語で表現するとなると、やはり内容に関する認知レベルと言語レベルがあまりにも差がありすぎて、英語で表現できないということなのです。その結果、有能感が感じられず、生徒間の意欲の差が開いてしまい、結果として意欲の高い生徒も低いほうに流れてしまう、ということでした。

まとめ

まとめに入りますが、まずＣＬＩＬ型の授業の効果をあげるためには、今年度の英語表現のように、教員がチームとして生徒をどのように指導していくのかという共通理解と連携を持つことが重要です。その上でシラバスなり、教材なり、タスクなり、評価を行っていけば、教員と生徒が同じフィールド、土俵に乗っているので、生徒はついてきます。

課題としては、昨年度のコミュ英でのＣＬＩＬ実践のように、教員と生徒が同じ土俵に乗っていなければ有能感は下がってしまうということです。まず、認知的負荷に伴う生徒間の意欲の差が発生してしまいます。なかには、理解して頑張るという生徒もいる一方で、評価に反映されないのであれば一生懸命にできないという生徒が発生してしまい、有能感の維持が困難であるということです。また、学年が上がれば上がるほど生徒の認知能力は上がってきますので、内容に関してかなり高度な意見をもつようになります。それを英語で表現するのは非常に困難であるため、有能感の維持はなかなかむずかしいです。

それと今年はこれまで西高ではやっていなかった形で、ＪＥＴやＡＬＴも含め、担当教員がチームとして本格的に指導にあたっています。教員の負担はかなりあります。授業で扱うテーマに関する事前のリサーチやさまざまな教材作成など、負担はものすごく大きく、これを継続的にやっていけるかどうかという問題もあります。また、ほとんどの生徒が難関国公立や医学部を志望していますので、日本語記述、論述、要約対策はどうなるのかという声もあがっています。

対応策として、生徒の実態に合った方略、タスクを導入していくしかないということと、教員間で教材に関するデータを共有し、それを蓄積していくこと、そして「コミュニケーション英語」と「英語表現」を相互的に補完し合う形でシラバスを作っていけるかどうかということが、対応策の鍵になるかと思います。

これで終わります。ありがとうございました。

〔参考文献〕

Coyle, D., Hood, P., & Marsh, D. (2010). *CLIL content and language integrated learning*. Cambridge: Cambridge University Press.

Coyle, D. (2013). Listening to learners: an investigation into 'successful learning' across CLIL contexts. *International Journal of Bilingual Education and Bilingualism*, 16, 244-266.

Hiromori, T. (2003). What enhance language learners' motivation?：High school english learners' motivation from the perspective of self-determination theory. *JALT Journal*, 25, 173–186.

Ikeda, M. (2013). Does CLIL work for Japanese secondary school students? Potential for the 'weak' version of CLIL. *International CLIL Research Journal*, 2, 31–43.

Jang, H., Deci, E., & Reeve, J. (2010). Engaging students in learning activities: It is not autonomy support or structure but autonomy support and structure. *Journal of Educational Psychology*, 102, 588–600.

Koike, A. (2014). A case study of CLIL practices in the EFL classroom. *The Bulletin of Institute of Human Sciences*, 16, 147–156.

Lasagabaster, D. (2011). English achievement and student motivation in CLIL and EFL settings. *Innovation in Language Learning and Teaching*, 5, 3–18.

Lasagabaster, D., & Beloqui, R. (2015). The impact of type of approach (CLIL Versus EFL) and methodology (Book-Based Versus Project Work) on motivation. *PORTA LINGUARUM 23, enero*, 41–57.

Maekawa, Y., & Yashima, T. (2012). Examining the motivational effect of presentation-based instruction on Japanese engineering students-From the viewpoints of the ideal self and self-determination theory. *Language Education & Technology*, 49, 65–92.

Nassaji, H. (2012). The relationship between SLA research and language pedagogy: Teachers'perspectives. *Language Teaching Research*, 16, 337–365.

Papi, M., & Abdollahzadeh, E. (2011). Teacher motivational practice, student motivation, and possible L2 selves: An Examination in the Iranian EFL Context. *Language Learning*, 62(2), 1–24.

Pinner, R. (2013). Authenticity and CLIL: Examining authenticity from an international CLIL perspective. *International CLIL Research Journal*, 2, 44–54.

Reeve, J., Jang, H., Carrell, D., Jeon, S., & Barch, J. (2004). Enhancing students' engagement by increasing teachers' autonomy support. *Motivation and Emotion*, 28, 147-169.

Ryan, R. M., & Deci, E. L. (2000). Self-determination theory and the facilitation of intrinsic motivation, social development, and well-being. *American Psychologist*, 55, 68-78.

Ryan, R. M., & Deci, E. L. (2000). Intrinsic and extrinsic motivations: Classic definitions and new directions. *Contemporary Educational Psychology*, 25, 54-67.

Sasajima, S. (2013). How CLIL can impact on EFL teachers' mindsets about teaching and learning: An exploratory study on teacher cognition. *International CLIL Research Journal*, 2, 55-66.

Tanaka, H. (2009). Enhancing intrinsic motivation at three levels: The effects of motivational strategies. *JALT Journal*, 31, 227-250.

渡部良典、池田真、和泉伸一（二〇一一）『ＣＬＩＬ内容言語統合型学習　上智大学外国語教育の新たなる挑戦　上智大学出版』第一巻・第二巻

Wu, X. (2003). Intrinsic motivation and young language learners: the impact of the classroom environment. *System*, 31, 501-517.

Yamano, Y. (2013). CLIL in a Japanese primary school: Exploring the potential of CLIL in a Japanese EFL context. *International CLIL Research Journal*, 2, 19-30.

大学で専門を学ぶための英語力
―英語四技能入試導入との接点―

早稲田大学教育・総合科学学術院教授　澤木　泰代

発表の位置づけ

早稲田大学教育学部の澤木と申します。よろしくお願いします。私は、言語テストを専門にしております。これまでの発表者と同じく、きょうはＣＢＩ、ＣＬＩＬ、ＥＭＩのテーマに沿って、言語テストの観点から少しお話ししたいと思います。そのつながりについては、なかなか理解しにくいかもしれませんが、次のようなところではないかと思います。

たとえば、ＣＢＩ、ＣＬＩＬ、ＥＭＩの議論では、程度の差こそあれ、第二言語、つまり日本の場合は英語を授業で使うことが前提となっています。そして、その中でどのぐらい言語と内容を扱うのか、またその比率がどう変わるのかという考え方だと思います。一方で、きょうの私のテーマは、大学で専門を学ぶための英語力、つまり専門教育の話です。ですから、ここでは専門教育を授業で行うということが前提で、そこで使う言語の比率が日本語と英語の間でどう変わるかということです。第一言語なのか第二言語なのか、でも白か黒かではなく真ん中もあると思います。私がきょう話すのは、グレーの部分だと思っていただけるといいと思います。

半沢さんの話を伺った後で、私はどのようにして説明したらいいかと迷ったのですが、いわゆるＥＭＩは専門科目を英語で教えるものだという解釈だとすると、その反対側にあるものが、日本語を媒体として専門教育を行うことですよね。ですから、私がきょう話すのは、その間の話だとお考えください。ＥＭＩだとうたっている授業の話ばかりではなく、いわゆるＥＭＩではない通常の専門科目をご担当の先生方が、どのように専門教育を行っていらっしゃるかというお話となります。

大学入試改革の二つのキーワード

内容に入っていきますが、昨今、大学入試の改革がいろいろなところで報道されています。高大接続と今後の大学入試のあり方ということで、たとえば、大学入試センター試験の改訂と改定後の新テスト、つまり「大学入学希望者学力評価テスト（仮称）」がどのようになっていくのかということが論点となっています。最近では、今年の八月末に発表された現在検討中の案の話題で、秋の学会や、言語テスト関係者の間の話し合いは持ちきりでした(1)。

まず、センター試験が新テストに変わる場合について、どのような案を現在文科省が検討しているかといいますと、当面は新テストではリーディングとリスニングを測るが、スピーキングとライティングの問題はセンターでは作成せず、認定した資格・検定試験等を使う案や、将来的には四技能のテストをすべて認定した資格・検定試験に移行するという案です。資格・検定試験というのは、いわゆる外部テスト、つまりＴＯＥＦＬ、ＴＯＥＩＣ、ＴＥＡＰのようなテストのことを指します。この案が現在検討されており、二〇一七年度初めごろに再度文科省が策定・公表する予定になっています。

英語の大学入試改革の現状については、キーワードとなるものが二つあると思います。一つは四技能、つまり読む・聴く・話す・書く力を評価するということで、もう一つは外部テストを導入する案です。この二つ目のポイントについては、私自身はいろいろと課題があると考えています。たとえば、複数の外部テストが使われる可能性がありますが、その外部テストにはそれぞれに特徴があります。目的も違いますし、対象者も違えば内容も違うのですが、その比較・検討は足りていないように感じます。

また大規模にテストが実施できるかどうか、つまり実用性に論点が偏りがちな点も課題といえます。たとえば大人数にどのようにして受験させるのかや、採点はどうするのかなど、実用性の話の議論がこれまで中心になっていて、根幹となるテストの妥当性の話、具体的には、英語の入試で測る能力と、大学で必要となる英語力の関係性や大学における英語使用の実態把握がまだ不十分なのではないかと思います(2)。

たとえば、大学で使う英語とは何かと考えたときに、英語を専門とする学生は別として、そうではない学生は外国語英語科目の履修が完了したら英語と決別するのかというと、必ずしもそうではありません。私の学部生時代はもう二〇年以上も前ですが、その頃のことを考えても、専門科目での英語使用はありました。海外の教科書や論文を読んだりということもありました。また、大学院では学会発表があったり、論文を英語で作成したりということをするわけですし、昨今では、大学のグローバル化推進ということでいろいろな試みがなされており、専門科目も英語での授業を増やすなど、さまざまな大学が組織的に取り組もうとしているという状況でもあります。

大学で必要となる英語力

その中で、きょうは、日本の大学において専門科目を履修する上で必要となる英語力とは何かを、あらためて考えてみたいと思います。これからお話しする小規模なインタビュー結果は、今年六月に行われた国際言語テスト学会で発表したものをベースとしています。[3]きょうはその主な結果をかいつまんでご紹介したいと思いますので、その部分をまずお話しし、その後に専門教育と入試の接点について考えてみたいと思います。

私がなぜこのことについて調べたいと思ったかをお話しします。今、大学教育改革や大学入試の改革、高大接続などに関していろいろな議論がされています。その時に話題となるのが、英語力の中身です。英語をいろいろなタイプに分けてみると、たとえば高校で学ぶ英語や、職場で必要になる英語、つまり企業に入ってから必要となる英語力などが考えられます。また、その間をつなぐものとして、大学語学科目で学ぶ英語が考えられるわけです。

このような違ったタイプの英語の特徴や大学英語教育で身に付けるべきこと、また大学入試でテストすべきことに関する議論に参加しているのは、多くが英語教育関係者だと思います。しかし、ここで忘れてはならないのが大学専門科目で使う英語です。つまり、大学の教員はさまざまな分野で学生の専門教育にあたるわけですが、その中で英語の必要性が生じたときにはその指導も行っています。しかし、入試改革や大学の英語教育改革について話す際に、たとえば、自然科学や人文科学、社会科学など、英語教育関連以外のさまざまなご専門の方々の視点というのは、その議論にはなかなか反映されないし、意見が届かないのではないかと考えたことが、この研究の出発点です。

そこで私が行いましたのは、ニーズ分析といわれるものです。ここでは大学で専門科目を担当する先生方を対象として、小規模のインタビュー研究を行いました。その目的は大学の専門科目において単位を取得する上で必要な英語力とは何かを調べることです。特に、授業で頻繁に遂行しなければならない重要な言語使用タスクとは何か、つまり英語を使ってしなければならないことは何なのかという点と、専門分野によって専門科目授業で必要となる英語力に違いはあるのか、という二点を明らかにしたいと思いました。大学において、一部でも英語を使う専門科目を履修する際、授業開始までに身に付けておくべき英語力とはいったい何なのだろうかということです。それを踏まえて、大学入試の際に評価すべきと考える英語力が、大学教員の目から見るとどのようなものなのかを考えたいと思います。

大学教員へのインタビュー

研究の手法ですが、参加者一六名で、早稲田大学でデータを取りました。いろいろな方にご協力いただきましたことについて、この場を借りてお礼を申し上げたいと思います。早稲田大学で、授業全体ではなくても一部でも英語を使用する専門科目を一つ以上ご担当の先生方を対象に、インタビューを実施しました。この方々は、英語で学位を取ることを目的とする、いわゆる英語ディグリープログラムではなく、通常の課程、つまり日本語で行う授業を主体とする課程で専門科目を担当する先生方です。参加者の授業担当分野の内訳は、応用言語学六名、英米文学四名、理学三名、数学三名で、文系二つ、理系二つです。全員、非英語母語話者で、大学での専門科目の教授経験は二年から三二年となっています。

インタビューの手法としましては、半構造化インタビューといい、質問内容をあらかじめ決めておき、その場で参加者のレスポンスに合わせて話を膨らませていくという手法を使いました。一六名の先生方と各二九分から七五分お話ししました。何を伺ったかといいますと、現在担当している専門科目全般について、レベルや内容、それから英語の使用をどのようになさっているかということです。それから担当科目のうち一つを例にとって、それに関する英語使用について詳細にお話しいただき、資料や授業の進行の形態、授業で課される課題について、またそこに英語が入ってくるかどうかについて伺いました。授業中によくある重要な言語使用タスクを引き出す上では、以前 TOEFL iBT を作成する上で北米の大学や大学院で行われたニーズ分析で使われたアンケートがありますので、それを出発点として質問をしました[4]。

さらに、授業を履修し始める時までに学生が英語でできなければならないこと、それから大学入試において四技能を測ることの必要性や重要性についてどのようにお考えかということを伺いました。

では主な結果です。四技能の導入の時期ですが、これは先生方にご報告いただいた中で、授業に英語が入ってくる時期が各分野で一番早かったものとお考えいただければと思います。ここにはいくつかパターンがあるのですが、文系の二つ、応用言語学、英米文学では、四技能のすべてが学部一・二年生の時に授業に入ってくるという結果で、両方の分野で学部の一年次から読んだり、聞いたりすることを英語で一部やらなければならない授業があるとのことでした。応用言語学では、学部の一年次でライティングも入り、二年次からは、スピーキング（ディスカッションやプレゼンテーション）を英語で行うクラスも出てきます。英米文学では、二年次でスピーキング、ライティングが必要になる科目がありました。

一方、理系の二つについては、学部の三年次になって読むものが英語に一部変わるという科目があるとの報告でしたが、リスニング・スピーキングが必要になる学部の科目はありませんでした。ライティングについては、理学専攻の四年次でたとえば卒論のアブストラクト（abstract）を英語で書く場合があるとのことでした。一方で、数学については、学部では英語のライティングは必要ではありませんが、大学院に入ると修士論文やレポート等の他に、研究結果を英語で論文にまとめ、発表する機会が出てくるという結果でした。

次に、私は専門科目での英語使用を入試との関係で見ましたので、一六名の先生方が例にとって説明してくださった担当科目で、どのぐらい四技能を使っているかをまとめました。その結果、一六名の方がお話をしてくださった一六科目全部で、英語の読み物が使われていました。つまり、教科書であったり論文であったり、その他の資料に英語のものがあったということです。その一方で、リスニングやスピーキング（授業の進行や教員のレクチャー、ディスカッション、プレゼンテーション）、ライティングに英語が使われているかどうかには分野間でばらつきがありました。たとえば応用言語学では六科目中五科目で、リスニングやライティングが必要な科目（英語での説明を聞いたり、レポートを英語で書いたり、英語で解答する試験を実施したりしている科目）がありましたが、英米文学ではそれぞれ四科目中二科目、理学では三科目中一科目のみで、数学では該当する科目はありませんでした。また、英語でのスピーキングが必要な科目は、文系二分野（応用言語学四科目、英米文学一科目）のみでした。

次は四技能を別々に見ていきたいと思います。まず、リーディングについては非常に興味深い結果が出ました。リーディングはどの分野でも大事だとの参加者のご意見でしたが、英語で資料を読む量は分野間でかなり違っていて、たとえば文系の二分野では一～二ページから一〇～二〇ページ程度を毎週読むという報告がありました。具体的には、英米文学の科目では文学作品を作品単位で読むため、たとえば一～二ページの詩を読むこともあれば、もっと長い文学作品を読む場合もあるということです。一方、応用言語学では、たとえば教科書の一チャプターを読むのであれば毎回一〇～二〇ページということになります。

これに対して、理学、数学では、ページ数としては週単位で二～五ページ程度ですが、教科書の章や学術論文の一つのセクションや部分を深く読まなければならないので、読むのには非常に時間がかかるということでした。英語の資料を使う理由としては、英語力の向上のため、原書でしか味わえない表現を味わってほしいから、内容・難易度ともに適切な日本語資料がないから、英語の資料には質が高いものがあるから、それから専門性を高めていく上で英語に慣れることが必要だから、などが挙げられました。

また、読み方が分野によって違っていたことが非常に興味深い点でした。たとえば、大切な情報や概念を理解することが非常に大事だということには、全分野の参加者が言及していました。これに対して、たとえば、推測すること、含意を読み取ること、内容理解に基づいた英文の解釈をすることは、英米文学では大切であるというご意見でした。その一方で、図表や数式などを理解し、それを文章とつなぐことが、理学・数学のほうでは大事だということでした。また日本語でも説明できる程度に、書かれている英文の意味を正確に理解することが大事だということは、理系の先生方の一致した意見でした。

それから資料を読む際は「英文の内容を日本語に翻訳する、つまり一語一句を訳していくような読み方をするのですか?」という質問もしました。英語指導における訳読の是非については英語教育でよく話題になるので、それとの関係性を見たくてこの質問をしたところ、専門科目における訳読は必要ないというのが全参加者の一致した意見でした。ただし理学の参加者の中には、重要な用語や概念を正しく理解できているかの確認のために一部和訳させることがあるという方もいらっしゃいました。

リスニングとスピーキングに関しては、応用言語学以外の三分野では授業の進行には英語はあまり使われていない状況でした。英語で授業進行をしている参加者とそうでない参加者両方から聞かれた、英語での授業進行のむずかしさとしては、内容が複雑になると、英語で全てをやることがむずかしくなったり、また周囲のクラスメートが英語で話そうという雰囲気ではない場合、英語を話させることが学生の心理的な負担になったりする場合があることなどが挙げられました。また、英語で授業進行をしない理由として挙げられた大きなものは、母語で論理的に考え、日本語と英語の両方で専門知識を深めることが大事であるという、複数の分野（英米文学、理学、数学）の先生方のご意見でした。つまり、日本語と英語の両方で専門分野に関するコミュニケーションができるようになることが必要であるため、日本語で考えたり、自分の専門について日本語で説明したりすることができなくなるのは望ましくないということでした。

ライティングについても、分野によって違いがありました。英語のレポート作成や試験での英語による解答、英語での卒業論文執筆は応用言語学・英米文学ではある一方で、理学・数学では、英語でのライティングは卒業論文や修士論文の概要を英語で書くこと、また主に博士課程での学術誌投稿論文を書くことに限られているとのことでした。

まとめ

結果をまとめたいと思います。専門科目での四技能の指導についてですが、四技能の使用については、リーディングは使われる頻度・度合いともに分野を通して最も高いのですが、リスニング・スピーキング・ライティングについては、分野によって違いが見られました。全分野で共通していることは、正確に英文を読み取る力をつけることが必要だということ、それから正確な英文の構造理解と、それに必要な単語力、それから日本語でも内容を説明できる程度の十分な内容理解が必要だということです。それに加えて分野ごとの特徴としては、読む量や読み方が違う、それから理由を添えて自分の意見を英語で表現できることが必要かどうかに違いがあるという結果でした。さらに理系の二つの分野に関しましては、学部と大学院で必要な英語力の内容がかなり違うということでした。

大学入試との関係としましては、大学入試において四技能を評価することについては、おおむね参加者全員が肯定的なご意見でした。理由はいろいろですが、今必要なわけではないけれども長期的に勉強していくことは、先々、つまり大学院で求められるからということです。たとえば理系では四技能すべてが必要になりますし、英米文学の先生からは英語ができる学生は授業で英語使用の割合が増えたときに良い成績を修める傾向があるから、という意見も聞かれました。

では、今回のインタビュー研究結果をふまえて、入試との接点について二点お話しして終わりたいと思います。まず一点目として、高大接続との観点から、大学専門教育において、英語でできなければならないこと、つまりニーズの分析に基づく長期的な英語教育目標の検討が必要であろうということが指摘できます。今回の研究結果は、できるだけ早く四技能を伸ばすことの大切さ、また基礎的な語彙・文法・読解力の重要性を示唆していると思います。二点目は入試で測る英語力についてです。入試では、各課程や専門分野の特徴・ニーズを反映した出題をすること、またはそのニーズに合うテスト選びをすることが必要だと思いますし、英語で得た情報を使ってコミュニケーションをする、つまり四技能のうち複数を統合が必要であろうと思います。それから、各大学やプログラムごとに英語のニーズを分析する必要があるのではないかということを今回のインタビュー研究を通して強く感じました。

最後に、専門教育が今後ＥＭＩに向かっていくとしたら、つまり今後授業での英語の割合が増えていくとしたら、どのようなことになるのかを考えたいと思います。専門教育の目標を踏まえた方向性としては、日本語と英語の両方での専門知識、コミュニケーション力の育成が必要です。さらに、確かな専門知識を得るためには深い思考を促すことが求められ、そのためにはある程度適切な日本語でのサポートも必要であろうと思います。これは今回の研究で複数の方が指摘されていたことでした。サポートの方法として、たとえば英語が必要な科目の履修前に、基礎科目で十分に日本語によって専門知識を身に付けさせること、それから英語が必要な科目履修中には、日本語で書かれた資料や文献をたくさん提供すること、日本語による質疑応答の時間を授業中やオフィスアワーなどに取って、わからないところを残さないようにすることなどもできるのではないかと思います。

急ぎ足ですみませんが、以上です。ありがとうございました。

注

（1）文部科学省『高大接続の進捗状況について』（二〇一六年一一月二八日参照）
http://www.mext.go.jp/b_menu/houdou/28/08/1376777.htm

（2）大学で必要になる英語力やテストが高校生や大学生、高校・大学の教員などの利害関係者（stakeholders）に与える影響に関連する調査はこれまでにも日本で実施されているが（例：Green, 2014）、さらなる調査・研究が待たれるテーマである。
参考：Green, T.（2014）. *The Test of English for Academic Purposes*（*TEAP*）*impact study:*

Report 1—Preliminary questionnaires to Japanese high school students and teachers. Retrieved November 28, 2016, from www.eiken.or.jp/teap/group/pdf/teap_washback_study.pdf

(3) Sawaki, Y. (2016, June). *English language demands at universities: What is the construct of "academic English" in the Japanese context?* Paper presented at the 38th Language Testing Research Colloquium. Palermo, Italy.

(4) Rosenfeld, M., Leung, S., & Oltman, P. K. (2001). *The reading, writing, speaking, and listening tasks important for academic success at the undergraduate and graduate levels.* (TOEFL Report No. MS-21). Princeton, NJ: ETS.

EMIと英語への学生・教員の意識調査
―ELFの視座より―

早稲田大学教育・総合科学学術院教授　村田久美子
神田外語大学外国語学部英米語学科講師　小中原麻友

はじめに

村田：こんにちは。英語英文学科の村田です。この発表は、私と神田外語大学の小中原麻友先生と二人で発表します。私が簡単にイントロダクションを行い、最後に研究結果をまとめます。途中の細かい内容につきましては、小中原先生に説明して頂くという形をとります。

今、澤木先生には、EMIの特に教員に焦点を当ててお話をしていただきましたが、私たちがきょう発表するものは、主に学生へのアンケート調査に基づく、EMIおよびEMIのクラスで使用されている「英語」に対する意識調査の結果です。特に、ELF（English as a lingua franca）、「共通語としての英語」という視点からEMIのEを考えることを目的としています。

昨年度と今年度、それぞれ単年度で教育総合研究所の研究部会費の協力を頂き、調査を実施しており、今年度は主に先生方とEMIの授業を受けている学生さんの声を大幅に集めるためにアンケート調査を実施しました。この発表では、最初に比較のため、昨年度の結果に少しだけ触れ、その後主に今年度の結果についてお話します。

調査目的

本調査で特に何に注目しているかといいますと、ＥＭＩは最近非常に話題に上っていますが、ＥＭＩのＥについてどのぐらい授業を行う方、受ける方双方が認識しているかという点です。皆さんも、ＥＭＩの'Ｅ'は「英語」ではないかと思われるかもしれませんが、なぜＥＭＩが最近促進されているかという大きなコンテクストを、'Ｅ'を理解する上で常に頭に置いておく必要があるのではないかと思い、この視点から調査を行っています。つまり、ＥＭＩに対して学生さんと教員はどのように考え、また授業で使用される英語に対してどのような意識を持っているか、これらを踏まえてグローバル化の中で今後英語教育をどのように行うべきかという点を考えることを目的としております。

研究の背景およびＥＬＦ、ＥＭＩの定義について

まずＥＬＦ（English as a lingua franca、共通語としての英語）は何かということですが、ここでは最もよく引用されている Seidlhofer（2011）の定義、「異なる第一言語の話者同士がその場で唯一の共通語として使用する英語」を紹介します。どの定義にも出てくるのが「異なる第一言語を持つ方が集まって使用する英語」という文言で、大学のキャンパス内のコミュニケーションでは、ＥＭＩで行われる授業もその一つに入ります。日本語ができる方が多ければ日本語が共通言語

（ＪＬＦ）として使われることもあります。同様に、中国語が共通言語（ＣＬＦ）の場合もあり、韓国語の場合もある（ＫＬＦ）のですが、今回はＥＬＦということで英語に焦点を当てています。つまり、英語が共通語として唯一の選択肢であるという状況です。

グローバル化の中で、文科省もＥＭＩに非常に力を入れており、「グローバル30」に始まり、「スーパーグローバル大学創成支援」等のプロジェクトでも大きな予算が大学のグローバル化促進のために配分されている状況ですが、早稲田大学やその他の一部の私学などでは、それ以前からＥＭＩのプログラムが始まっております。ＥＭＩには、二つの目的があります。まず、留学生を増加させ、国際化を進めることです。第二に、日本人の学生もそのような環境の中で揉まれることにより、英語力も、またグローバル化する世界に対応できる能力も身に付けていくという目的です。ＥＭＩは日本に始まったことではなく、ヨーロッパではボローニャ宣言等を経て、過去二〇年ほど非常に盛んに実施されております。アジア諸国、特に欧米の旧植民地国ではそれ以前からＥＭＩによる教育が行われていますし、いわゆる旧植民地国だけではなく、東アジア諸国の中国や韓国でも日本よりさらに一〇年ほど先立ってＥＭＩが進められている状況です。

ＥＭＩの定義は先ほど半沢さんが詳しくして下さいましたが、ここではブリティッシュ・カウンシルの補助金の下にＥＭＩの大規模調査を行ったオックスフォード大学のDearden（2014）の一般的な「大多数にとって英語が第一言語ではない国や地区で専門科目を英語で教える」という定義からスタートします。ただし、この定義にはＥＬＦの視点は入っていません。その点で私たちの調査の意図からは不十分です。よって私たちは新たにＥＬＦの視点を入れたMurata & Iino （forthcoming）の「専門科目の学習や教授のために異なる言語背景の学生や教員間で英語を共通語として使う」というＥＭＩの新たな定義を使用いたします。この定義は既存の定義とは異なり、以下の三つの状況もＥＭＩの範疇に加えます。まず、第一に、学生・教員の多数が言語文化背景を共有している日本のような状況もＥＭＩの状況とみなしていいと考えます。第二に、ヨーロッパでは英語関連学科の授業は英語で行われるのが当然であるという状況ですので、理系や社会科学系などの、英語関連科目以外の専門科目の授業を英語で行うものをＥＭＩと捉えていますが、状況の異なる日本や東アジアでは、このような英語関連科目のＥＭＩもＥＭＩの定義に入れていいと判断します。最後に、いわゆる英語圏、Kachru（1985）のいう内円圏（the Inner Circle）、といわれている地域でも留学生が非常に多くなっており、特に大学院レベルではコースの八〇％が留学生だというような状況も出てきております（たとえば、Jenkins（2014）参照）。そうしますと、このような状況下、内円圏で実施されているＥＭＩもＥＭＩ定義の範疇に加えることができると判断します。本調査では特に、第一、二の範疇を考慮した定義の下での調査実施となります。

これまでのＥＭＩの授業における英語の使用実態ですが、ＥＬＦの役割を考慮して研究されているものはまだ少なく、ヨーロッパでもJenkins（2014）やSmit（2010）の研究を除いてはＥＬＦの視点がきちんと入ったものは小数です。このような状況下、本研究ではＥＭＩを特にＥＬＦの視点から分析する、そこが既存研究と異なるところです。

本調査について

本アンケート調査は、ＥＭＩの実施状況が異なる二種類の学部で行いました。名目上、この二種類の実施状況をＥＭＩプログラムとＥＭＩコースに分類し、前者は学部全体の専門科目が全て英語で行われている状況を指し、今回の調査では国際教養学部、および国際文化コミュニケーション研究科がこれに当たります。後者は単発的にいくつかの専門科目のみが英語で行われているという状況を指し、今回この部類には、教育学部の主に英語英文学科とグローバルエデュケーションセンター、社会科学部で実施されているいくつかのＥＭＩによる授業が含まれます。

先程言及しましたように、昨年度、今年度とアンケート調査を実施しておりますが、昨年は調査対象にできるクラスがまだ限られており、これに対し今年度は、特に教育学部の英語英文学科での新カリキュラム編成に伴い、昨年度調査の時点でまだ非常に少なかったＥＭＩのクラスが、今年度は四〇近くに増えました。このため、この変化がどのぐらい学生や教員の意識に反映されるかも考慮し、アンケート項目を一部変更、調査を実施しました。残念ながら今年度は昨年度以上に教員のアンケートの回答数が少なく、そのため、今回は主に学生の回答を中心にご紹介します。学生へのアンケート調査では昨年は一二〇名、今年度はＥＭＩコースだけでも二〇〇名近く回答を得ており、この回答を私たちは主に質的に分析しております。つまり、回答者一人ひとりの声を丁寧に拾って分析する方法です。

意識調査結果について（二〇一五年度）

それでは、本年度の調査結果をご紹介する前に、まず簡単に、昨年、二〇一五年度の調査結果を比較のために簡単に紹介しますと、ＥＭＩコースとＥＭＩプログラムで学生さんの声に少し違いがありました。ＥＭＩコースは「英語学習重視」が多かったのですが、特に「英語に触れる機会」ができて良いとか、その反面、「もっと英語を使いたい」などの意見がありました。一方、ＥＭＩプログラムの方は、「英語学習」に関した意見もありましたが、それ以上に「英語が使える環境」や「多様性」に対する気づき、つまりクラスメートや先生方の多様性に対する気づきが報告されました。

二〇一五年度のこの結果を踏まえて、二〇一六年度調査の詳しい結果につきましては、この辺りで小中原先生に代わります。

二〇一六年度の意識調査結果について

1　学生の「ＥＭＩ」に対する意識

小中原：では、二〇一六年度のＥＭＩに対する意識調査結果について、二〇一五年度の調査結果との類似点をＥＭＩコースとＥＭＩプログラムを比較しながらお話し、その後、ＥＭＩコースでのＥＭＩクラス数増加に伴う変化について話を進めます。

まず、二〇一五年度との類似点として挙げられるのが、今年度もＥＭＩに対する学生の意見は賛成派が大多数だったという点です。ＥＭＩコース、ＥＭＩプログラムともに八〇％から九〇％

の学生がＥＭＩに「賛成」あるいは「やや賛成」であると回答しました。ただ、実際の意見を詳細に見てみますと、ＥＭＩコースとＥＭＩプログラムの学生間には質的な相違が見られ、これは主にＥＭＩの良い点として挙がった意見に観察されました。ＥＭＩコースの学生の意見としては、五六％が「英語力の向上」、一三％が「英語環境の提供」を挙げ、これらはともに、「英語学習を重視する」意見と解釈することができます。この「英語学習重視」の傾向は昨年度も見られましたが、昨年度は「リスニング力がつく」という意見が多かったのに対して、今年度は「英語力向上」というキーワードを明示的に挙げた学生が多く、ＥＭＩコースでのＥＭＩ授業数の増加に伴い、「英語学習重視」の内容にも質的な変化があることが分かりました。

ここで一つ考えたいのは、なぜＥＭＩコースの学生は「ＥＭＩ＝英語力の向上の機会」と捉えているのかという点です。現在、ＥＭＩコースには圧倒的に日本人の学生および教師が多く、加えて在籍する外国人学生や教員の多くは日本語も理解できます。そのような状況下ＥＭＩクラス数が増えたことを受けてその意味を考えた場合、学生は「英語力向上」以外に、ＥＭＩの意味・必然性を感じにくいのではないか、つまり、ＥＭＩも「英語で専門科目を学ぶ」以上に、「外国語として英語科目」の延長として捉えているのではないかと考えられます。この点を考慮すると、今後、学生や教員の多様性を確保する必要性があると考えられます。

一方、ＥＭＩプログラムの学生も英語学習に関する点をＥＭＩの良い点として挙げる学生もおりましたが、「内容学習」や「多様性」、「英語の国際的役割」といった、より多様な意見が多く見られました。「多様性」に関する意見としては、「多様な面から議論ができる」や「さまざまなバックグラウンドを持つ学生たちと議論ができる」ということが評価されています。「英語の役割」については、「世界中の人とコミュニケーションを図るツールとしての英語」や「ビジネスや学術の場での共通語としての英語」という点に焦点が当てられています。これは特に留学生の意見ですが、「日本での英語による内容学習と日本語能力強化」を可能にするという意見も挙がっていました。

また、EMIの悪い点としてEMIコース、EMIプログラムの双方で圧倒的に多かったのが「内容理解に支障をきたす」や「学習内容の希薄化」等の内容理解についての危惧です。特に文理にわたる全ての分野の授業を提供するEMIプログラムの学生の間では、教員間の英語、あるいは英語力の格差について否定的に捉えている意見も見られました。学生間の英語レベルの差、これに加えEMIプログラムにおいては上述の教員の英語レベルの差についても指摘があり、これが学習内容理解の困難や学習内容の希薄化、ひいてはモチベーションの低下に繋がるというような声も挙がっていました。これらの結果は、EMI実施において学習内容の理解をいかに確保するか、また実際にEMIにより理解の低下があるか等の検証の必要性も今後の課題であることを示しています。

では次に二点目として、EMIコース、特に教育学部英語英文学科でのカリキュラム編成に伴うEMIクラス数増加による学生の意識の変化についてお話しします。最大の変化は、昨年、二〇一五年度の意識調査では「英語に触れる」という意見が多く見られたのに対して、今年度は「英語に慣れる、親しむ」という意見が増加した点です。EMIの機会の増加に伴い学生が英語を使用する経験が増え、その経験を通して学生の英語に対する苦手意識が軽減、ひいては「英語力がつく」や「英語が使えるようになる」といった自己評価に繋がりつつあるという傾向が少しずつ出てきているようです。加えて、授業形態としても、二〇一五年度の調査で多く挙げられた「ディスカッションの増加」が、今年度に入って実際に実現されたことにより、学生の英語使用実感が上がり、満足感や学習意欲の増加にも繋がっている傾向にあるようです。

2　学生の「英語」に対する意識

小中原：ここからは、ＥＭＩクラスで使用される「英語」に対する意識調査結果についてお話しします。初めにＥＭＩプログラムの学生の意見に見られる特徴、その後、ＥＭＩコースでのＥＭＩクラス数増加に伴う変化の二点について簡単に紹介します。

まず、ＥＭＩプログラムの学生の意見に見られる特徴として挙げられるのは、教員とクラスメイトでは教室内で担う役割が異なるので一概には比較できませんが、教員とクラスメイトの英語とで評価が大きく分かれたという点です。教員の英語・英語力の多様性については、たとえば「日本人教授は大抵英語が上手くないので、頻繁に日本語を使う。このため日本語を話せない学生が困っている」等、特に留学を終えたばかりの学部三年生を中心に否定的に評価する傾向、つまり英語母語話者の英語を規範とする傾向が見られました。一方、クラスメイトの多様性については、たとえば「みんなさまざまな国や地域から来ており、またこれまでの教育環境や育ってきた環境もさまざまなため、多様な英語に触れることができ、面白い」等、多様性を肯定的に評価する、ＥＬＦ志向的な意見も挙げられ、このような意見は留学生数が少ないＥＭＩコースの学生間には見られないものでした。

次に、ＥＭＩコースでのＥＭＩクラス数増加に伴う学生の意識の変化としては、実際の英語使用経験を通して、正確性よりも内容を重視する傾向になりつつあるという点です。たとえば、「みんなミスを恐れずにコミュニケーションしていた」や「どう英語で表現したらいいかわからない者同士が、相手の意見の内容を汲み取ろうと英語で奮闘するのは良い経験だと思う」、「身振り手振りを含めて意欲的なコミュニケーションが行われている」等の意見が挙げられましたが、これらの意見は、学生がＥＭＩの授業での実際のコミュニケーションにおいて、英語の正確性や英語母語話者のように話すことではなく、互いに内容を伝え合う点を重視していることを示しており、ＥＭＩを通して実際に英語を使用することにより、英語母語話者の英語への志向からＥＬＦ的志向へ意識の変化が徐々に現れ始めていることを示しています。

おわりに

村田：今年度の調査結果は、今、お話ししていただいたとおりですが、これからの課題として、学習内容理解の確保、授業内でどの程度意図的に日本語も使用していくか等ということが挙げられます。それからインタラクションの大切さ、インタラクションをどのように利用して理解を確保するか、これらの問題はヨーロッパのＥＭＩでも課題として挙げられていることで、今後さらに調査を深めていく必要があります。

またその他に、教室での使用言語を変えるだけではなく、授業形式もやはり工夫しなくてはならない、それから多様性をどのように確保するか、学生の英語力の差にどのように対応していくか、また、英語関係だけではなく、いろいろな専門科目をご担当の先生がこれからどんどんＥＭＩを実施するとしたら、やはりFaculty Development の充実も必要なのではないかという検討課題も明らかになってきました。しかし、何よりも、なぜＥＭＩなのかという原点に戻ってもっと考えていく必要があるようです。この原点に立ち返ると、多様性を深めることの意義、ＥＭＩを実施する必然性が見えてきます。学生たちが卒業後、社会に出て使う英語はまさにそのような多様性の中で使用する英語、つまりＥＬＦ、になる可能性が非常に高いわけです。キャンパスの多様性を高め、授業の中でＥＭＩを実施する際にもＥＭＩの‘Ｅ’の実態に対する理解、つまり、ＥＬＦの認識が必要なのではないかということです。ＥＭＩの‘Ｅ’はＥＬＦの‘Ｅ’だと認識できる環境を与える必要があるということが私たちの結論です。ありがとうございました。

〔参考文献〕

Dearden, J.（2014）. *English as a medium of instruction–a growing global phenomenon: Phase 1,* London: The British Council.

Jenkins, J.（2014）. *English as a Lingua Franca in the International University : The Politics of Academic Language Policy.* Abingdon, Oxon: Routledge.

Kachru, B. B.（1985）. Standards, codification and sociolinguistic realism: the English language in the outer circle. In R. Quirk and H. G. Widdowson（Eds.）, *English in the World: Teaching and learning the language and literatures,*（pp. 11–30）. Cambridge: Cambridge University Press.

Murata,K. & Iino, M. (forthcoming) EMI in higher education: an ELF perspective. In J. Jenkins et al. (Eds.), *The Routledge Handbook of ELF.* Abingdon, Oxon: Routledge.

Seidlhofer, B. (2011). *Understanding English as a Lingua Franca.* Oxford: Oxford University Press.

Smit, U. (2010). *English as a Lingua Franca in higher education: A longitudinal study of classroom discourse.* Berlin: Mouton de Gruyter.

パネル・ディスカッション〈抄〉
「CBI・CLIL・EMIの課題」

早稲田大学教育・総合科学学術院教授　原田　哲男
早稲田大学教育・総合科学学術院教授　澤木　泰代

パネル・ディスカッションでは、内容と言語の統合についての会場からの質問についてさまざまな討論が行われました。CBI・CLIL・EMIは、必ずしも一筋縄ではないように感じられますが、このようなシンポジウムを通して、いろいろな背景をお持ちの方と議論することで問題を解決でき、CBI・CLIL・EMIの授業実践をより良いものにできると確信しました。会場からたくさんの質問が寄せられましたが、特に次の項目にまとめることができると思います。

1　教員の負担と専門性
2　母語についての懸念
3　授業の内容理解が希薄にはならないか
4　英語を話す教員の多様性
5　言語力は本当に養成されるか
6　大学のEMIに耐える英語能力の測定

これらの問題は、内容と言語を統合する上で、内外の教育者や研究者の間でよく議論されていることでありますが、決して正確な答えがあるわけでなく、コンテクストにより考え方が異なってくると思います。

まず、教員の負担と専門性の問題ですが、内容や言語のみを教えるよりも負担が大きいのは確かだと思います。言語力が必ずしも十分でない学習者をサポートするためには、教室内外で使える教材を探し、適切なタスクを与えるために、試行錯誤し、多大な時間を使わなくてはならないのは事実です。ただ、カリキュラム、シラバス、教材の作り方などは、参考になるような資料や文献もたくさんあります。また、コンテント・スペシャリストとランゲージ・スペシャリストの両者の協力体制を敷くという貴重な意見も会場からいただきました。さらに、専門性の問題ですが、英語教員は、外国語教育、英語学、英米文学、地域研究などの専門家ではありますが、それ以外の内容を扱う場合には、専門性が乏しいとも感じることもあり、さらなる精神的な負担にもなるかもしれません。しかし、「教師も学習者である」という立場に立ちますと、少し負担にはなるが、学習者と一緒に内容を学べることにより、教師も人間として成長しているわけです。また、教師自身が成長していると感じると、単に英語を教えるよりも、英語と内容を統合して教壇に立つほうが楽しくて仕方がないという気持ちになれると思います。

次に、母語についての懸念です。小学校に英語が導入された際も同じような議論があったと思います。英語以外の科目も英語で教えるとなると、不安はさらに増すと思います。バイリンガル教育の視点から見ますと、二言語で教科を教えることで母語の発達を損なうという研究結果はほとんどありません。「ほとんど」と言いますのは、バイリンガルの研究が十分に行われていなかった頃は、そのような誤解もあったのも事実ですが、たとえば最近の研究では、授業の半分を外国語で行うパーシャル・イマージョン教育、さらには小学校の最初の数年間の教育の九〇～一〇〇%を外国語で行うトータル・イマージョン教育ですら、最終的な母語習得には影響がないと言われています（Shin, 2012; Tedick, Christian, & Fortune, 2011）。また、母語による懸念のもう一つは、授業中に母語使用にシフトすることがあるが、どのように考えたらよいかという問題です。パネラーの中では、母語使用は学習者のサポートという意味で非常に大切であるという意見でした。実際の言語使用も、言語の背景が異なる話者がいる場合は、コード・スイッチングが起こるのは当然であるので、トランス・ランゲージング（Translanguaging）というキーワードにあるように、英語の使用を脅かす程の量にならない限り、日本語使用を肯定的に捉えられるのではないでしょうか。

次に、授業の内容理解が希薄にならないかという議論もありました。確かに、CBI、CLIL、EMIを経験した方は、少なくとも一度は、「もし母語でやれば、深いところの議論ができたのに」と感じたことも多いかと思います。確かに、学習者の言語能力が不十分な場合は、この考え方も一理あると思います。実際に、高校のCLILや大学のEMIでの実践では、内容が抽象的すぎて、学生の言語能力を超えていて、どうにもならないことがよくあると思います。この問題は、短期的に考えるのではなく、長期的な視野に立って学生の理解力の発達を考える必要があると思います。ステップバイステップの指導が要求されます。たとえば、ヨーロッパの外国語教育では、従来の外国語クラスとCLILのクラスが、併設されていて、どちらも履修することになっています。また、大学レベルでは、English for Academic Purposes（EAP）を導入し、スムーズにEMIのコースに移行できるようにします。さらに、最初は言語の負担が少ない内容や科目を選ぶことも一つの方法だと思います。

次に、日本でCBI、CLIL、EMIを実践すると、教師はノンネーティブ・スピーカーであることが多いが、これはどのように捉えたらよいかというディスカッションもありました。学生の立場からすると、中学や高校での英語教育において、アシスタント（ALT）がネーティブ・スピーカーであったり、教材やテストなども母語話者の観点から作られていたりして、ノンネーティブの発話に慣れていなく、戸惑う学生もいるはずですが、グローバル化した世界の英語使用や共通語としての英語（English as a Lingua Franca）を考えると、いろいろなバラエティーの英語に触れられるのは、CBI、CLIL、EMIの強みだとも解釈できます。

さらに、内容と言語を統合して言語能力は本当に養成されるのかという質問もありました。これは、よい意味で批判的で、とても示唆に富んでいる疑問だと思います。実は、内容と言語を統合したイマージョン教育の実態が、多量なインプットがあれば言語が習得できると思っていた研究者を目覚めさせたという事実があります。フランス語イマージョン教育を受けていた子どもたちは、リスニングやリーディングの能力はかなり高かったのですが、言語の正確さに問題があり、スピーキングやライティングの能力は必ずしも満足いくものではありませんでした。この事実が、アウトプットの大切さや内容と言語のバランスを重視することの重要性を示してくれました

（Lyster, 2007）。特に、高校から内容と言語の統合を始めるような場合は、常に言語のサポートが必要だと思いますが、日本のようにコンテキストから離れた言語重視の英語教育に慣れた学習者を扱うには、意味から離れないような活動をさせながら、言語に注目させることが肝要だと思います（focus on form）。

最後に、大学でのＥＭＩに耐える英語力をいかに大学入試で測定するかについては、大学で必要となる英語力に見合ったテストの作成や既存のテストの利用を考えることが大切です。ただ、これは大学に入ってから身に付けるべき専門的な英語を入試に出題するということではなく、大学での学びの基礎となる英語のスキルをテストするということです。たとえばリーディングにおいて読む量や読み方が分野によって違うのであれば、それをテスト内容に反映することが、より妥当性の高いテストの実施や、ひいては日本の大学におけるスムーズなＥＭＩの実施につながるのではないでしょうか。

時間の制約があったにもかかわらず、内容と言語の統合について、さまざまなご意見をいただき、本当にありがとうございました。このシンポジウムが少しでも、今後の日本の英語教育の改革のためにお役に立てれば大変嬉しく思います。

〔参考文献〕

Lyster, R. (2007). Learning and teaching languages through content: A counterbalanced approach. Amsterdam, The Netherlands: Benjamins.
Shin, S. J. (2012). *Bilingualism in schools and society: Language, identity, and policy*. New York:

Routledge.

Tedick, D. J., Christian, D., & Fortune, T. W. (Eds.). (2011). *Immersion education: Practices, policies, possibilities* (*Bilingual Education and Bilingualism*). Philadelphia: Multilingual Matters.

パネル・ディスカッション〈全文〉

〔司会〕教育・総合科学学術院教授　原田　哲男

原田：それでは、限られた時間ですけれどもパネル・ディスカッションを始めたいと思います。ここからは、発表の順番でトピックを扱っていきたいと思います。最初の池田先生の講演の内容から質問を受け付けて、おひと方だいたい五～六分ぐらいでご説明いただき、最後に会場から自由に質疑応答を頂ければと思います。では、いくつか質問がすでに出ているので、池田先生からお答えいただくということで結構ですか。では、よろしくお願いします。

池田：ものすごくたくさん質問を頂きました。全部違う質問なので、すみませんが一つ、二つのみにしたいと思います。それから、せっかく来ていただいていますので、仙台白百合学園小学校の先生から一つ、質問を答えてもらうということにしたいと思います。

まずあるのは、やはりＣＬＩＬの教員の問題です。一つは、もちろん準備が大変だということです。もう一つには、専門性の問題で、国語学の先生がする場合には、どこまで内容を広く深くできるかというような、教員サイドについてのご質問もありました。

まず、私の経験からお話しいたしますと――大変です。先ほども話していたのですが、教科書が、やはり日本の学習者にはほとんど合いません。実はヨーロッパでもそうなのです。基本的に良いＣＬＩＬの教育というのは、先生がハンドアウトや教材を用意するということです。

それはとてもできない、最初のうちは確かにそうだと思います。ただ、ＣＬＩＬの教材の作成法というのは、きちんとしたやり方がある程度ありますので、それを読んでいただければ良いのです。一ついえることは、一回ＣＬＩＬの開発というか教材づくりに精通してＣＬＩＬで授業をすると、多くの先生は「自分は教育をしているのだな」という実感を持ちます。あるいは、「非常にいい授業ができている」という実感がある、という言い方をされる方もいます。「もう今までの普通の教え方には戻れない」というようなことをおっしゃる方もいらっしゃいます。要するに、ＣＬＩＬというのは非常に教員負担が大きいのですが、教員を育てる教育法でもあるということなのです。

それからもう一つは、やはり、専門的な内容です。その内容についても一生懸命勉強しなければなりません。そこをやるかやらないかで、教師の成長はそこで上にいけるか、そこでとどまるかということが出てくると思います。そのような意味で、さまざまなご負担その他があるとは思いますが、ＣＬＩＬをすることによって授業の質や密度は間違いなく上がりますし、先生自身も非常に成長する機会になるので、そのようにポジティブに捉えていただければいいかと思います。

もう一つ、ご質問で出てきているのは、イマージョンとの兼ね合いで、イマージョンがあまりうまくいっていないということで書かれています。先生方にお願いしたのは、もちろん仙台白百合のものは算数だけですから、イマージョンではなく純粋にＣＬＩＬです。イマージョンとの違いというといろいろあるでしょうけれども、イマージョンは、基本的にＩＢ国際バカロレアでやっているカリキュラム全体の六〇％とか七〇％です。マジョリティーを英語で教えているのがイマージョンだとしますと、それとは全然違うわけですよね。イマージョンがうまくいっているか、いかないかは、いろいろな評価基準があると思いますが、このカリキュラムはまだ一年目で、これから二年生、三年生と、どんどん新しい生徒が入ってくる予定です。先生方にお聞きしたいことは、今は授業観察している限りはとてもうまくいっているものが、将来的にうまくいくのだろうかということです。そのプレディクション（prediction）というか、予測をお答えくださいということをお願いしました。それで答えてもらいたいと思います。

フェイガン先生：
Thank you.
The basic question is: do you think the program will be successful? To answer that we need to take a step back and again look at our goals. Success is if we meet our goals and again our program goals are to learn math using English, grow and improve English ability as well as English-math related ability, but also especially improve and grow Japanese-math related language and ability. The first two I can answer about 85% sure. Yes, I believe those can be reached quite easily. We have six years. We also have a math course that is reinforced with an English course. One thing I wasn't able to mention during my presentation is that when there is a conflict in the CLIL class between math and language use, one thing that we have

chosen to do is to split those two skills between the two classes. So Ikeda-sensei showed the children's math worksheet. What you saw was the math class worksheet.

The next class the next day was the language class worksheet where they actually had to write that story using English, if we focused on writing the story in the math class, it is no longer a math class, meaning that it is no longer a CLIL class. So paying attention to that split and having the English class reinforced, yes, we can meet those goals. So again not a numeration course, so it is not quite as difficult. The most difficult in my opinion is making sure that the Japanese language ability grows as strong as the English ability. Personally, again this is just my personal opinion, if we have the CLIL course and the students are able to eloquently speak English and describe their math in English, but cannot do so in Japanese, our course has failed. Just realistically that is not useful for the student. So my greatest concern is making sure that the Japanese language ability grows as well as the English. Therefore I am about 60% sure we can achieve that, especially if we look at adding additional classes later.
Thank you very much.

池田：もう一つだけ、追加でお答えいたします。母語についての懸念ですが、母語で学ぶ良さもありますよね。ＣＬＩＬにおいて、母語が育たないのではないかというようなご心配があるのですが、ＣＬＩＬにおける母語について簡単に申し上げたいと思います。

基本的に、ＣＬＩＬは全部英語でするわけですが、現実的にはたとえば、ディスカッションです。そこはやはり、なかなか英語ではできなかったりしますので、日本語でしたりします。先生は必ず英語を使っていますし、皆の前で話し合う場面でも必ず生徒には英語を使わせていますけれども、これをどう考えるかです。英語でできないから日本語にするという妥協（compromise）なのか、それとも、もう一つの考え方として、英語と日本語の行き来と見るのか。行動スイッチングというものが、多分一番一般的に使われる用語かもしれませんが、これは非常に当たり前のスキルというか、むしろ社会に出るとこのようなことは当たり前にあります。日本語で話していて、例えば相手が英語のほうが分かるとすると、一部を英語で話して、それで言語の行き来をしたりしますよね。あるいは、何かの英語の資料をインターネットで取って、それを英語が分からない会社の上司に、要するにこのようなことをいっていますよということを日本語で伝えたりする力は、それこそ日本人にとっての汎用力の一つです。

だとすると、ネガティブに日本語使用を考えるよりも、むしろ英語と日本語の交互使用をポジティブに捉えるという考え方が良いのではないでしょうか。これが先ほど申し上げましたがトランス・ランゲージング（Translanguaging）という考え方です。本当にこの数年とてもよくいわれるようになりました。ＣＬＩＬでは、本当にこの一～二年ぐらいで随分そのようなことを言っています。

ポイントだけ申し上げますと、基本的に私はありだと思っています。私自身の授業でも、例えば日本語の資料を持ってきて読んで、それで英語でディスカッションをして、英語でみんなにシェアするということもしますし、それから例えば英語で読んで、それをメモして要約して、それに基づいて何かペーパーを書くということもあります。あるいは、最終的には英語でエッセイを書くのですが、その構成は日本語で作るとかということをします。このようなことは本当に当たり前のことなのです。

結局ＣＬＩＬは、とにかく英語だけのことではなく、学習全体の効果を考えます。学習効果全体としては、思考とか内容とか言語というのは、英語と日本語の両方を考えて、全体の学習がマキシマイズするという考え方をするのです。ですから母語も積極的に活用していくという考え方です。この利点は、多くの日本人の学習者にとって、いわゆるスキーマ（schema）です。今持っている既存の知識は、日本語で蓄えられています。場当たり的ではなく計画的に、有機的に使うことによって、生徒が持っている日本語の既存の知識にアクセスできます。それによって学習が定着していくという側面もあるわけで、最近は母語使用というのは、昔は本当に禁止していたのですが、今は学習全体を最大化するという考え方に基づいて、トランス・ランゲージングという概念で捉えられております。そこから理論化されていますので、そのようにしていくと、いくつか質問があったような母語の能力について、母語での学習ということも、少しご心配されていることが軽減されるのではないかと思います。以上です。

原田：ありがとうございました。時間がないのですが、今の問題はとても大事なのでディスカッションを深めていきたいと思います。

今出てきた話題は、教員側の問題です。あともう一つ、母語の問題が出てきました。母語で本当に算数ができるようになるのかということと、母語でのサポートをどうしたらいいのか、これはとても大事なことだと思います。

それでパネラーの方に少しお聞きしたいのですが、実践を通して母語のサポートがどうあるべきかということを恐らく皆さん感じられていると思います。高校の実践をご担当された福田先生は、母語のサポートということをどのように捉えていらっしゃいますか。

福田：非常にむずかしい問題だと思います。まずそのテーマ、内容に関する理解の部分、基本的に英語でというような形が基本ではあると思うのですが、実際に日本人教員三名で教えていまして、基本はもう英語で七割八割教えています。ただし、どうしても概念的にむずかしいという部分については、内容サポートの面で日本語を使うこともあります。内容理解を踏まえてのディスカッションになった際には、基本は英語のみでいきます。われわれ教員は、基本的に英語を主に使います。ただし、生徒の日本語使用に関しては寛容に考えています。どうしても英語で表現できなければ、日本語を使ってもいいと、要するに会話の流れを重要視して日本語使用を有効に考えています。ただし、英語で表現できなかった箇所に関しては時間を取ってメモさせて、必ずその後に、英語で何と言うのか、どう表現するのかを時間をとって調べさせます。そして、また同じ活動をもう一回やり、そこで英語を使うことによって、定着を図っていくというような形で考えています。

原田：ありがとうございます。先ほどの発表の中で同じようなことが出てきたのですが、村田先生と小中原先生のご発表の中でありました、ＥＭＩで授業をするとその内容の理解が低くなるということは、今の母語の問題とかなり関わりがあると思います。母語の問題を通しての内容の理解、そのあたりはどのようにお考えになっていらっしゃいますか。

村田：内容の理解が希薄になるとかむずかしくなるというのは、あくまでも受講者の声です。大切なのは、これは多分澤木先生の分野になると思うのですが、本当に理解度が落ちているのかどうか、本当に分かっているのかどうかということで、そこはやはり、実施する教員側の評価でも工夫して見ていかなくてはならないことだと思います。ですから、学生さんや回答者の声だけの問題ではなく、自分の第一言語ではない言語で授業を受ける場合、非常にもやもやしたものがあり、理解できていないと思うかもしれません。でも実際には、いろいろな補助教材や何かで理解している可能性もあります。しかも、専門科目を受講しているわけですから、自分の第一言語で勉強しても、内容がむずかしいものはむずかしいという現実もあります。ですから、理解が希薄になるとかむずかしいということを言っているのかどうかということを、もう少し深く見ていく必要もあるのではないかと思います。

　そう申し上げた上で、私自身もＥＭＩを実施していますので、回答者や先生方の声にもありましたが、やはり、インタラクションの中で理解度をチェックすることが大切です。私も受講者の反応を見ながら、分かっていないなと思ったら第一言語で言い直します。

もし日本語できちんとした専門用語があれば、日本語でその分野を説明したり、あるいはディスカッションしたりすることもあるかもしれないので、その言語の言葉を日本語でも与えてあげるということで対応します。かえってリフレイジング（Rephrasing）、言い直して説明してあげたほうが、内容が分かるという場合もありますので、その状況、状況で判断していかなければならないところもあるのではないかと思います。

それから学生さん同士がディスカッションの時に、まずは分からないことがあったらお互いに質問してコンプレッションをまずチェックしてくださいというような時間を設けると、お互いにチェックできます。その時には、必ずしも第一言語の使用を止める必要はありません。ＥＭＩですから内容を理解することが大切であり、英語学習が第一ということではないので、効果的に、第一言語も含めたあらゆる言語的な資源、資材を利用しながらということも大切なのではないかと思います。

原田：ありがとうございました。では、半沢先生。

半沢：今の村田先生のコメントにあったところですが、ＥＭＩで、これは日本のコンテクストではなくフィンランドかハンガリーで行われた大学でのＥＭＩの研究なので、少し状況は違うのですが、やはり第一言語で物理をしたときと、ＥＭＩで物理をしたときの理解度の差、そして最終的な期末試験での成績を研究したものがあります。それによると、ほぼ点数は変わりませんでした。そして最終的な理解度、学生の満足感は、ほとんど変わらなかったという研究があります。さらにその研究で、なぜ最終的にそのような結果にたどりついたのかという考察の一つに、ＥＭＩの学生の勉強時間が、母語でやるよりもはるかに長かったという非常に面白いデータが出ています。自分の母語ではないという、もうすでにできないかもしれないという思いが学生を勉強に向かわせて、それによって内容を自ら授業外でも勉強したことによって、最終的には母語でやっている人たちとほぼ変わらない、むしろ少し高かったようなデータが出ています。もしかしたらＥＭＩというのは、そのような副産物になる、そのような効果もあるのかなと今、村田先生のコメントを聞きながら思い出したので、それを付け加えさせていただきました。

原田：ありがとうございます。実は、母語のサポートに関して私たちの教育学部のカリキュラムの改訂の時に、澤木先生がカリキュラムの委員のお一人だったのですが、私たち二人が集まると、母語のサポートは大事だよねとか、母語を使ってどのように学生をサポートしたらいいのかというこ とをいつも議論しているので、少しそのあたりのご説明をお願いできますか。

澤木：はい。英語のカリキュラムのことになるとたくさんシェアしたいことはあるのですが、きょうの関連について今までの話に絡めて言いますと、やはり、母語のサポートというものをネガティブに見るよりは、資源であり、それを使うことによって学習が進むと考えたほうがいいのではないかと思います。

先ほどのアンケートの結果で、今回非常に興味深かったことは、特に理系の先生方から出てきたご意見として、英語で研究するのはもちろん大事だが日本語で同じことができなくなるのは非常に困るということです。専門性が日本語で育たず、日本語の専門用語がなくてコミュニケーションができないのは非常に困るので、バイリンガルでなければなりません。ですから、行動スイッチングとか、トランス・ランゲージングというキーワードがありましたが、そのように考えていけばよいのではないかと思います。

原田：本当に、母校の使用をポジティブに考えるべきだということは、まさにそのとおりだと思います。バイリンガルでできなければ話になりません。

ここまで、母語のことが一つ出てきたのと、あともう一つ先ほど出てきたのが、教員の問題です。教員のトレーニングをどのようにしていったらよいかというお話だと思います。先ほどの学生のアンケートの中でも、教員に非常にばらつきがあるというコメントがありましたが、それをいかにとるかという非常に大きなむずかしい点があると思います。教員のほうから見てこれからCBIやCLIL、EMIをどう捉えていったらいいかということを、パネラーの方にご意見をいただければと思います。

村田：先ほどのアンケートの結果で、EMIプログラムのほうが、コースよりも少し教員の英語能力についてのコメントが多かったと申し上げましたが、これもやはり慎重に見ていかなければならないと思います。われわれが問題にしましたＥＭＩのＥが何であるかを考えるときに、ＥＭＩの捉え方としては、実施する教員は専門科目を英語という媒介を使って教えており、まずは専門科目が第一だと思うのです。それを理解してもらわなければなりません。

世界中の大学でも、たとえば英語で行われる授業ですけれども、英語を第一言語としなくても素晴らしいその分野の専門家の先生方がたくさん教えていらっしゃるわけです。たとえばアメリカとかイギリスなどでも教えています。そのような場合に、すごくアクセントが強かったりするわけですが、コメントで見たのは、アクセントがあまりにも違いすぎるので分かりづらいという意見でした。では、なぜそうなのかというと、やはり英語で行われているために、その英語を使う人は英語を第一言語とする人だという考えが非常に強いのです。

もうすでに小学校から導入されていますけれども、小中高の段階でも英語は授業として、直接英語を学ぶものとして捉えられております。しかも、その基準というのは、いわゆるネイティブスピーカー志向が非常に強く、音声的にもそのようなものにしか慣れていません。そのような規範がある一方で、今世界にはいろいろな英語の話し手がいて、いろいろなバックグラウンドの人が自分たちの英語を使って、コミュニケーションを図っています。そのような現状でも、やはり学校レベルで教えているのは、ネイティブスピーカーの英語です。

ネイティブの英語に慣れていると、大学でＥＭＩをしてくださる先生方がそれぞれのご専門の分野で非常に優れた先生であっても、それぞれのお国のバックグラウンド、そのようなものに受講生が慣れていないために、非常に気になるというようなことがあります。ですから、そのような点も考えていかなくてはならないということはあると思います。

原田：ありがとうございます。むしろ肯定的に、日本でＥＭＩやＣＬＩＬ、ＣＢＩを実施したら、当然日本人の先生が英語を使うわけですから、逆にいろいろなバラエティーにとんだ英語に触れられる、それがＣＢＩ、ＥＭＩの強みだと、多様性の英語に触れられると捉えられればいいと思います。

村田：はい、それは大切な問題だと思います。ただ現実問題として、そのように非常に多様性のない、いわゆるアメリカンかブリティッシュなスタンダードなイングリッシュに慣れてきた学生たちが、大学で戸惑ったりむずかしいと感じる問題は、当座としてやはりある程度考えてあげなくてはなりません。理解をどのように確保していくか、時々母語を使うことも必要になってくると思いますし、いろいろな対応の仕方があると思います。

それから、ただ、プログラムとして学部全体や学科全体で実施している場合は、つまり先ほど、なぜグローバル化で、なぜＥＭＩかといった場合に、ＥＭＩを実施すると他の国から日本語を母語としない学生たちが入ってこられるわけです。それで、必ずしも日本語の能力、必ず日本語能力試験のＮ１を求めていない場合は、今度はあまり行動スイッチングで日本語を多く入れると、英語だけで専門科目を学べるはずだったのにというように逆に困る学生がいて、今回はそのような意見も出ました。ですから、両方の側面で考えていく必要があるのではないかと思います。

原田：はい。ありがとうございます。時間が迫ってきたのですが先生方、かなり質問が出ているのですが、これだけは答えておきたいというものがありましたら、どうぞ。

福田：中学まで普通の英語教育を受けてきた中で高校からＣＬＩＬを実践した場合、逆に英語力が下がってしまう生徒もいないかというご質問です。これはわからない領域かなとは思うのですが、実際に授業をしてみて、感覚的に捉えているところで答えさせていただきます。やはりＣＬＩＬを通じて、生徒はかなりたくさん自分でオーセンティックな英語を、読んで、聞いて、書いて、話しているので、普段のスピーキング・プラクティスであるとかディベートをしている様子を聞いていますと、下がっているという感覚はありません。むしろ上がっていると思います。年間を通じてスピーキングテストを五回ほど予定していて、すでに四回終わりました。毎回録音をして比較しているのですが、細かく見ると語彙面であるとか文法面ではまだ粗いのですが、かなりフルーエンシーが上がってきているのは間違いないと思います。

あと客観的な計測で見ると、西高校は一年二年、ＧＴＥＣを全員受けているのですが、その結果を見ても読みはかなり高い数値を上げています。ただ、もとから入学する生徒の水準がかなり高めなので、ＣＬＩＬ的な指導を通じて上がったということは決してできないとは思うのですが、決して下がることはないと思います。また、上がったかどうかの判断は実際むずかしいと思います。

あと、他に判断できるとしたら、定期考査の部分でのライティングです。年間五回試験がありますが、それももう四回終わりました。その都度、生徒が書いている英文を読みましても、やはり五月に比べるとかなり内容は英語面ともにクオリティーが上がっていると思います。ただ一つ危惧していることは、やはり文法の面です。現場でもいわれているのですが、例年に比べると今年の一年生は文法に関するサポートが弱いのではないかと、もう少し文法を説明する時間を入れていかなければ、今後受験期を迎えたときに苦労するかもしれないとは言われています。

確かに生徒のフルーエンシーが伸びても、実際にどうかなということも感じています。英語力の定義も非常にむずかしいと思うのですが、グラマーに関しては若干、僕も危惧しているところです。

原田：ありがとうございます。この話題もとても大事なことなので、これだけでも議論すれば、二〇分や三〇分かかってしまいます。あと他に、澤木先生、何かありますか。

澤木：では一つだけ、入試関連のご質問を頂いていますので、これはお答えしたいと思います。先ほど私が話しました内容で、いわゆる大学の専門教育で必要になるような英語力を踏まえた出題やテストの選定が必要だという話をしました。それで、まだ大学に入っていない、専門教育を受けていない高校生に対して、そのようなタスクを課してもいいのでしょうかという質問です。

これに関しましては、どちらかといいますと、内容的には専門知識を問うようなものを出してはいけないと思います。入試ですので、高校生ということで専門知識はありません。ですから、内容的には非常にジェネラルで、たとえば専門的なものを扱う場合には、もう本当に導入的な、何か新しいコンセプトを説明するようなもの、つまり前提知識を必要としないものであるべきだと考えます。しかし、そのテストをデザインするときに、たとえば文系で、文学系の勉強をするような子たちが入ってくるのであれば、推測や英文解釈までできるのかとか、理系であれば図表と絡めて文の説明をきちんと理解できているのかといったことを、簡単な内容で問うことはできるのではないかと思います。以上です。

原田：ありがとうございます。どうしても一つか二つお聞きしたいということがあったら、挙手をお願いします。どうぞ。

質問者1：素晴らしいご講演をどうもありがとうございました。私の専門は情報学で、英語で情報学を教えています。今後EMIがこれからも増加傾向にありそうだということで、コンテント・スペシャリストと、ランゲージ・スペシャリストのコラボレーションのあり方についてお伺いしたいと思いました。担当されている先生方の負担が非常に大きいということは共通する感覚だという印象を受けたのですが、これはやはり、先生方が個別にこのEMIというトレンドに対して対応しているので、どちらかというと効率が悪いのではないかと感じました。EMIを成功に導きたいと思っている者のひとりとしましては、一つの方法としてEMIを意識したカリキュラム、もしくはコンテント・スペシャリストとランゲージ・スペシャリストの何らかのコラボレーション、協力体制というものが考えられるのではないかと思っています。先生方、ぜひ何かこの件に関してコメントいただけたらありがたく思います。

原田：素晴らしい話題提供をありがとうございます。どなたか、では池田先生、お願いします。

池田：一緒にやっているプロジェクトの一つで、多分参考になることを言えると思います。沖縄の高専のものです。よくＣＬＩＬの文献に書いてある理想は、やはりティーム・ティーチングというか、専門の先生と英語の先生がいて、専門的なものはもちろん専門の先生が、言語的なものは言語の先生がします。でも、大学で一つの教室に二人も先生がいるなどということは実際にはあり得ませんよね。

沖縄の事例でやっているのは、このようなことです。専門の先生がいて、専門の授業を英語でします。こちらのほうには語学の先生がいて、もちろん語学の工学英語などをします。専門の授業の内容を、英語の先生が教えることは基本的にはできません。理解できません。しかし、職員室などでもちろん話し合わなければなりませんが、どのような専門でも、教科横断型というか、もっと日常生活に落とし込んだような話題提供というのは必ずありますよね。それは語学の先生でも扱えます。

つまり、同じ内容をほぼ並行してやっていくのですが、専門の先生は、英語でその専門の理論なり何なりを教えます。それと同じ分野の内容で、より日常生活に落とし込んだものを、英語の授業のほうで、多少その用語や概念を使いながらやっていくという、このようなやり方を今していいます。まだ、取り組んでいる最中なので、これが効果的かどうかということはわかりませんが、一つの事例として参考になるのではないかと思います。

原田：ありがとうございます。あと本当は、それからもう一つ、今おっしゃったことは実は北米ではすごく取り入れられています。先ほどお話があったと思いますが、アジャンクト・モデル(adjunct model)というものがあり、コンテント・スペシャリストとランゲージ・スペシャリストが協力してプログラムを作っています。詳細は、後で来ていただければお教えします。

最後にもう一つ、質問をお伺いします。

質問者2：指導教官からコンテントベースの内容なども聞いていて、カウンターバランスの内容なども勉強しているため、今日はとても興味深くCLILのことも聞かせていただきました。

カウンターバランスのCBIなどでは、授業にランゲージフォーカスをさせてというような場面を作り、どのようにしてインテグレーションさせるかという部分を課題としてフォーカスして授業をしています。きょうのお話を聞いて、汎用能力の育成ということがありましたが、たとえば、CBIとかTBLTではできないような、CLILオリジナルでそのような能力を高めるような手法があるのか、またどのようにコンピテンシーを測定していくのか、池田先生の今後のリサーチなどでお考えがあれば伺いたいと思い、質問させていただきました。

池田：まずＣＬＩＬ独自というものは絶対にないと思います。どのような教育であっても、たとえば、それこそ文法訳読であっても、訳すだけの力だけではありません。知識を得て、もちろん思考力や論理力もあります。ただ、そこにフォーカスしていないのです。副産物としてそのようになるかもしれないですし、将来的にそのような能力を使っているかもしれませんが、初めからそこを意図していません。

ＣＬＩＬのオリジナリティがあるとすれば、そこはやはりきょうお話ししたように、意図的にやっていくということです。特に、先ほど申し上げた、授業でやっていることと、ＣＬＩＬで育つ学力と、将来的に育っていくであろうコンピテンシーを見通して授業をやるという、このような発想というのは、普通のＴＢＬＴとかＣＢＩでは多分持っていない視点なのかなと思います。

意図的に（intentionally）やるということによって、コンピテンシーが育ちやすくなるという、一番言いたいことはそこかなと思います。

それから、どう測るかは非常にむずかしいです。つまり、最終的な汎用能力は、その子たちが大人になって社会に出て、そこまで追っていかなければ本当の意味でのコンピテンシーが育ったかどうかということはわからないわけです。一つにはもちろん、そこをどのように把握するかというもっと短期的なことでいうと、先ほど申し上げたようなＣＬＩＬのコースを受けてもらって、学習者に、社会の中で授業の中でやったような知識や概念を使って何かそれが役立ったと実感した時がありますか、というような調査をすることも多分できると思います。それから、今ＣＬＩＬでよくいわれているのは、ＣＬＩＬの学習者がいろいろタスクをしている時の、汎用能力的な語彙や表現です。

つまり、思考は必ず言語に現れてくるという考え方ですけれども、そのような汎用能力を表す表現などそのようなものを define・refine して、それがどれだけ出てくるかということを、たとえばＣＬＩＬ的に汎用能力を測るという授業と、そうではない、ＴＢＬＴなどの授業を比較してみると、少し違いが出るかもしれません。やったことはありませんが、そのような方向で私自身もコンピテンシーがどう育っているか、エビデンスをとりたいと思っています。まだ本当に頭に思い浮かぶだけのことなのですが、そのようにやれたら面白いなと思っています。

原田：はい。時間が限られていて大変申し訳ありませんでした。本当に素晴らしい質問をいただいて、もっと時間をかけて深く議論したいという思いがやまやまでした。本日はお忙しいところありがとうございました。

「早稲田教育ブックレット」№.17刊行に寄せて

町田　守弘

早稲田大学教育総合研究所では、講演会・シンポジウム・研修会等の開催、研究部会の推進支援、「早稲田教育叢書」等の刊行物の編纂・発行を中心に活動を展開しております。

「教育最前線講演会シリーズ」の第二四回は「英語で教科内容や専門を学ぶ―内容重視指導（CBI）、内容言語統合学習（CLIL）と英語による専門科目の指導（EMI）の視点から―」というテーマで、二〇一六年一二月一七日に開催されました。「早稲田教育ブックレット」№.17は、この講演会の内容をもとに編まれたものです。

二〇一七年三月現在、小学校・中学校の新しい学習指導要領案が公示されていますが、英語教育の問題はさまざまな形で話題になっております。特に他の教科との連携に関しては、注目を集めている話題です。学校教育において、自然な形での英語使用の機会を与える内容重視指導（CBI）や内容言語統合学習（CLIL）が海外で実践され、また日本でも内容言語統合学習（CLIL）や、特に大学では英語による専門科目の指導（EMI）の導入が増えているという現状において、「英語で教科内容や専門を学ぶ」というテーマは多くの関係者から関心が寄せられたはずです。講演会では、テーマに関連する理論や主な国での取り組み、そして日本の学校や大学での実践が紹介されました。このたび「早稲田教育ブックレット№.17」として刊行されることによって、さらに多くの方々の関心が喚起されることを願ってやみません。

講演会のコーディネーターをご担当いただいた澤木泰代教授と原田哲男教授には、ブックレットの刊行に際しても全面的にご協力をいただきました。講演会当日にご登壇いただいた方々、そして本ブックレットにご執筆いただいた方々、編集・刊行に際してお世話になった方々に、深甚なる謝意を表します。

（早稲田大学教育総合研究所　所長）

著者略歴（2017年３月現在）

澤木　泰代（さわき　やすよ）
早稲田大学教育・総合科学学術院教授　博士（応用言語学）
略歴：カリフォルニア大学ロサンゼルス校（UCLA）大学院応用言語学博士課程修了。熊本県公立中学校英語教諭、昭和女子大学助手、米国Educational Testing Service研究開発部常勤研究員、早稲田大学教育・総合科学学術院准教授を経て、現職。日本言語テスト学会理事、アジア言語テスト学会事務局長。

原田　哲男（はらだ　てつお）
早稲田大学教育・総合科学学術院教授　博士（応用言語学）
略歴：早稲田大学教育学部英語英文学科卒業後、高等学校の英語教員を経て、筑波大学大学院教育研究科教科教育専攻英語教育コースで修士号を取得。短期大学に勤務後、ロンドン大学大学院ユニバーシティ・カレッジで音声学修士、ロンドン大学教育研究科（IOE）を経て、カリフォルニア大学ロサンゼルス校（UCLA）にて応用言語学博士を取得。その後、オレゴン大学で教鞭を執り、二〇〇五年から現職。二〇一三年から二〇一四年まで、UCLAの客員教授兼研究員。専門は、第二言語習得、バイリンガル教育、外国語の音声習得、英語教育など。

池田　真（いけだ　まこと）
上智大学文学部英文学科教授　博士（英語学）
略歴：早稲田大学政治経済学部卒業、ロンドン大学キングズカレッジ英語教育・応用言語学専攻修士課程修了、上智大学文学研究科英米文学専攻博士後期課程満期退学。本務校と兼任で、早稲田大学教育学部、国際基督教大学教養学部、京都大学文学研究科で非常勤講師、ロンドン大学キングズカレッジで客員研究員を歴任。

半沢　蛍子（はんざわ　けいこ）
早稲田大学教育学研究科博士後期課程
略歴：早稲田大学第二文学部卒業、早稲田大学教育学研究科修士課程修了（教育学修士）。現在は博士後期課程在籍、および早稲田大学国際教養学部助手。二〇一二－二〇一四年度日本学術振興会特別研究員。英語が外国語として使用されている環境（EFL）や、CBI／CLIL／EMI環境での発話能力の発達・習得について研究を行っている。

福田　恭久（ふくだ　やすひさ）
東京都立西高等学校教諭

略歴：早稲田大学大学院教育学研究科修士課程修了。東京都立田柄高等学校教諭、東京都立武蔵野北高等学校教諭、東京都立戸山高等学校教諭を経て、現職。

村田　久美子（むらた　くみこ）
早稲田大学教育・総合科学学術院教授　博士（応用言語学）
略歴：ロンドン大学教育研究大学院博士課程修了（応用言語学）。ロンドン大学講師（非常勤）、富山県立大学助教授、早稲田大学講師、助教授を経て、現職。

小中原　麻友（こなかはら　まゆ）
神田外語大学外国語学部英米語学科講師　博士（学術）
略歴：英国エセックス大学大学院にて応用言語学修士号、早稲田大学大学院にて博士号（学術）を取得。二〇一二年より、ものつくり大学、早稲田大学、明治大学、法政大学、中央大学にて英語教育や専門教育に従事。二〇一六年に神田外語大学英米語学科に着任。専門研究分野は、異文化コミュニケーション、共通語としての英語、語用論、会話分析、社会言語学。